ullstein

Das Buch

Das waren noch Zeiten, als man sich einen Schneebesen aus Fichtenästen gebastelt hat. Lange vor der Erfindung von Edelstahl, Teflon und gebürstetem Aluminium behalfen sich die Menschen mit einfachsten Mitteln. In der Steinzeit wurde in Tierhäuten gekocht und auf gluterhitzten Steinen gebraten. Den heißen Stein gibt es heute – elektrisch betrieben – wieder. Sowieso soll keiner behaupten, es liege an mangelnder Ausrüstung, dass in deutschen Haushalten immer weniger gekocht wird. Im Gegenteil. Der Schrank, in dem nicht mehr alle Tassen drin sind, quillt über von Küchengeräten, die unser Leben verbessern sollen: Der tragbare Halogenofen, der Außerirdischen beweisen wird, dass der Mensch einer höher entwickelten Spezies angehört. Oder die elektrische Pfeffermühle mit Beleuchtung. Unentbehrlich für jedes Survival-Kit! Wie sonst sollte man bei Stromausfall den Pfeffer im Pfifferlingsragout richtig dosieren? Crêpemaker, Popcornmaschine, Teppanyaki-Grill, Eierschere und Zwiebelkamm – Küchengeräte gibt es in allen erdenklichen Formen und Funktionen. Phantastisch, überflüssig und sehr begehrenswert!

Die Autorin

Hanna Dietz, geboren 1969 in Bonn, arbeitet als freie Journalistin hauptsächlich für den WDR. Sie lebt in Bonn mit Mann und Sohn und hat die meisten Küchengeräte in den Keller verbannt.

Hanna Dietz

LEXIKON DER UNNÜTZEN KÜCHENGERÄTE

Von **A** wie
Ananasschneider
bis **Z** wie
Zuckerwattemaschine

Ullstein

Besuchen Sie uns im Internet:
www.ullstein-taschenbuch.de

MIX
Papier aus verantwortungsvollen Quellen
FSC
www.fsc.org
FSC® C006701

Originalausgabe im Ullstein Taschenbuch
1. Auflage Juli 2011

Konzeption: HildenDesign, München
Umschlaggestaltung: ZERO Werbeagentur, München
Titelabbildung: © Artwork HildenDesign unter Verwendung von Motiven von Sabri Deniz Kizil/Shutterstock
Satz: Pinkuin Satz und Datentechnik, Berlin
Gesetzt aus der Minion Pro
Papier: Pamo Super von Arctic Paper Mochenwangen GmbH
Druck und Bindearbeiten: CPI – Ebner & Spiegel, Ulm
Printed in Germany
ISBN 978-3-548-37354-6

Einleitung

Sie blinken und funkeln in formvollendeter Edelstahloptik, farbenprächtigem Kunststoff oder weltallerprobtem Titan: die neuesten Küchengeräte zum Gemüsehäckseln, Saftpressen, Teigkneten, Garen, Braten und Schneiden. Von Fernsehköchen, Einkaufspassagenverkäufern oder Homeshoppingmoderatoren angepriesen, erobern sie unser Herz im Sturm: Ob Saftpresse, Ananasschneider, Smoothie-Maker, Dampfgarer, Tomatenstrunkentferner oder Schokoladenbrunnen – plötzlich wissen wir, was uns immer gefehlt hat!

Denn ein Küchengerät ist nicht bloß eine Maschine. Ein Küchengerät ist eine Verheißung. Die Verheißung auf ein neues, ein genussvolleres, ein längeres Leben. Vitaminreicher, fettärmer, schneller, raffinierter kochen; schlanker werden; Zeit und Geld sparen; Lob und Bewunderung von Familie und Freunden einheimsen – diese frohe Botschaft ersteht man zusammen mit dem Gerät.

Packen wir es zu Hause aus, kribbelt es vor lauter Vorfreude. Wie schön es blitzt! Und wie neu es aussieht! Und wie kompliziert die Bedienungsanleitung ist … Egal. Nach einigem Ausprobieren haben wir es geschafft. Das Gerät läuft. Einigermaßen. Komisch, in der Werbung sah das viel einfacher aus. Aber was soll's – aufs Endprodukt kommt es an und, ja, es schmeckt nicht schlecht. An der Optik muss man natürlich noch feilen, logisch. Schließlich befinden wir uns in der Probephase. Jetzt nur noch saubermachen. Ach herrjemine, das sind aber viele Teile! Und die dürfen nicht in die Spülmaschine? Ist ja kein Problem, spülen wir eben schnell mit der Hand. Und jetzt, wohin damit? Auf der Arbeitsfläche ist sowieso immer zu wenig Platz. Schnell in den Keller damit. Müssen wir ja nur einfach wieder raufholen, wenn wir es morgen benutzen möchten. Oder übermorgen. Oder spätestens am Wochenende. Was, schon ein Jahr vorbei? Wir gehen in den Keller – und da steht ihr alle versammelt und euer Schweigen ist pure Anklage. Und ihr habt ja so recht, ihr lieben Küchengeräte! Es liegt nicht an euch! Es liegt an uns! Weil wir Menschen zu bequem sind, zu unvollkommen, zu inkonsequent. Dabei könnte es uns so gut gehen, wenn wir euch nur benutzen würden!

Und wir nehmen uns wieder vor, das Gemüse ab jetzt nur noch im Dampfgarer zuzubereiten, die Familie jeden Tag mit selbstgepresstem Orangensaft und eigenhändig gebackenem Vollkornbrot zu beglücken und die Apfelernte im Dörrautomat zu einer gesunden Fernsehknabberei zu verarbeiten. Und wir gehen mit gutem Gewissen zurück in die Küche und schieben eine Fertigpizza in den Ofen.

Überflüssige Küchengeräte sind wie die Diät, die wir morgen anfangen werden: Unglaublich beruhigend zu wissen, dass man jederzeit darauf zurückgreifen könnte. Und deswegen seid ihr unverzichtbar. Denn ihr habt uns etwas geschenkt – die Hoffnung auf ein besseres Leben. Wenn wir die Chance nicht nutzen, ist das allein unser Pech. An dieser Stelle wollen wir deswegen Danke sagen. Danke, ihr lieben überflüssigen Küchengeräte, danke, dass es euch gibt!

Neues aus der Wissenschaft

Endlich entdeckt!!!

Der Homo electrodomesticos (Küchengerätemensch, der)

Eine gesonderte Art der Gattung Homo sapiens wurde jetzt erstmals von Wissenschaftlern beschrieben: Der Homo electrodomesticos, oder auch Küchengerätemensch. Wie der Homo sapiens gehört der Homo electrodomesticos zu den Höheren Säugetieren aus der Ordnung der Primaten und der Unterordnung der Trockennasenaffen. Der Homo electrodomesticos ist, soviel fanden die Wissenschaftler heraus, eine sehr junge Menschenart, deren Entwicklung unmittelbar verknüpft ist mit dem technischen Fortschritt.

Aussehen:
Vom äußeren Erscheinungsbild ist der Homo electrodomesticos nicht vom Homo sapiens zu unterscheiden. Bemerkbar macht sich die Artzugehörigkeit erst, wenn er in den Wirkungskreis einer Küchengeräteanpreisung gerät. Denn es ist dem Homo electrodomesticos unmöglich, sich der Werbung für ein Küchengerät zu entziehen. Dabei ist es unwichtig, ob es sich um eine lautstarke Reklamevorführung in Einkaufszentrum oder Fußgängerzone, um einen TV-Spot oder eine Kochsendung handelt oder ob

das Küchengerät durch Mund-zu-Mund-Propaganda beworben wird. Auch an Schnäppchenangeboten von Küchengeräten in Discountern kann der Homo electrodomesticos nicht vorbeigehen. Die Wissenschaftler fanden nun heraus, warum das so ist: In Studien zeigte sich, dass der Reiz-Reaktions-Prozess im Gehirn des Homo electrodomesticos deutlich verkürzt ist. Hemmsysteme des Bewusstseins wie Zweifel an der Funktionsweise oder dem tatsächlichen Nutzwert des Geräts sind deutlich vermindert und teilweise komplett außer Kraft gesetzt. Auf den Stimulus folgt unmittelbar die Reaktion: kaufen. Ein Schlüsselreiz ist dabei das elektrische Kabel. Es zeigte sich, dass der Homo electrodomesticos einen besonderen Drang verspürt, allerhand strombetriebene Küchenmaschinen zu besitzen. Erstaunt waren die Wissenschafter darüber, dass herkömmliche Argumente für den Kauf eines Küchengeräts beim Homo electrodomesticos eher eine untergeordnete Rolle spielen. Zeitersparnis, Gesundheitsvorteil oder eine besonders raffinierte Zubereitungsart sind für den Homo electrodomesticos nicht ausschlaggebend. Denn – so fanden die Wissenschaftler heraus – das besondere Merkmal des Homo electrodomesticos ist, dass er keinen speziellen Anlass für den Erwerb braucht. Allein der Umstand, dass es ein neues Gerät auf dem Markt gibt, ist für ihn Grund genug, es besitzen zu wollen.

Zukunft:

Die Zukunft des Homo electrodomesticos sieht äußerst rosig aus. Er ist mit seiner Armada an Technik der kulturellen Evolution des Homo sapiens einen großen Schritt voraus. Bei Stromausfall oder anderweitigem Versagen des Geräteparks allerdings verwandelt er sich in ein hilfloses Geschöpf, das dem Hungertod gnadenlos ausgeliefert ist.

Deswegen haben sich in allen größeren Städten bereits Selbsthilfegruppen gebildet, die sich den Namen »Anonyme Elektroholics« gegeben haben. Hier treffen sich die Küchengerätemenschen, um den Umgang mit manuell betriebenen Dosenöffnern, einfachen Pfannen, Töpfen und Küchenmessern wieder neu zu erlernen und den Ekel vor dem direkten Hautkontakt mit Nahrungsmitteln wie Zwiebeln, Knoblauch und Teig zu überwinden.

Unverzichtbare überflüssige Küchengeräte A–C

Abgießhilfe, Absinthlöffel, Aebleskiver-Pfanne, Ananasschneider, Antigeruchsseife, Apfelschälmaschine, Apfelteiler, Aromadeckel, Auflaufheber, Aufschäumbecher, Augenpfanne, Austernbrecher, Austerngabel, Avocadoschneider, Backofenzange, Bain-Marie, Balsamicosprayer, Benediktinerhobel, Bierrucksack, Blinipfanne, Bohnenfadenentferner, Bratengabel-Thermometer, Bratensaftspritze, Bratenthermometer, Bratenzange, Brenneisen, Brotbackautomat, Buffetpinzette, Bunsenbrenner, Buntmesser, Burgerpresse, Buttermesser, Buttermodel, Butterroller, Caipirinha-Stößel, Cappuccino-Schablone, Caquelon, Cevapcici-Presse, Champagnerquirl, Champagnersäbel, Chocolatiere, Crêpemaker, Crockpot

Abgießhilfe, die

Viele Abgießhilfen hören auf den Namen Heinz-Günther oder Uwe und sind im Haushalt sehr gut zu gebrauchen, weil sie bei guter Erziehung auch lernen können, den Tisch zu decken oder den Müll rauszubringen. Falls man aber keine dieser multifunktionalen Abgießhilfen besitzen sollte, muss man natürlich auf die etwas schlichteren Modelle aus der Haushaltswarenabteilung zurückgreifen. Diese Abgießhilfen sind durchlöcherte halbkreisförmige Edelstahlplatten, die man auf einen entsprechend großen Topf aufsetzen kann. Wenn man sie dann gut festhält, läuft das Kochwasser durch die Löcher der Abgießhilfe ins Spülbecken. Man könnte zwar meinen, dass es auch ein Topfdeckel oder ein einfaches Nudelsieb tun würde – aber das ist ja nun wirklich nichts Besonderes! Und wer schon nicht von einem Heinz-Günther oder Uwe verwöhnt wird, der sollte sich wenigstens selbst verwöhnen und sich eine Abgießhilfe gönnen. So gut wie ein neues Paar Schuhe!
Unverzichtbar für: alle Töpfchen, denen ein Deckelchen fehlt

Absinthlöffel, der

Absinth ist ein Wermutschnaps mit bombastischem Alkoholgehalt, der Anfang des 20. Jahrhunderts besonders in Pariser Künstlerkreisen wegging wie warme Semmeln. Der Absinthlöffel ist ein durchlöcherter flacher Zierlöffel, der eher wie ein Spatel aussieht. Der Nutzer legt ihn nach ritueller Trinkweise auf das Glas und auf die durchlöcherte Fläche ein oder mehrere Stücke Zucker. Die werden dann

nach der französischen Methode mit einem dünnen Wasserstrahl übergossen, bis sie sich auflösen und im Glas die grünlich-milchige Mischung aus Absinth, Zucker und Wasser entsteht. Bei der tschechischen Trinkvariante wird der Zucker mit Absinth getränkt und auf dem Löffel angezündet, wobei er sich auflöst und in das Glas tropft. Egal, wie man seinen Absinth genießt: Er haut mordsmäßig rein. Und wer zuviel getrunken hat, der muss den Löffel abgeben.
Unverzichtbar für: Hemingways Erben

Aebleskiver-Pfanne, die
Siehe ☞ *Dalkenpfanne*

Ananasschneider, der
Zur Sache, Schätzchen! Wer den hüfteigenen Rettungsringen zu Leibe rücken will, muss bekanntermaßen Ananas essen. Nahezu unbezahlbar für diesen Zweck ist der Ananasschneider. Es gibt ihn in zahlreichen Varianten. Die geläufigste ist eine Art Schraubmesser mit dem Durchmesser einer Kaffeetasse. Der Schneider wird wie ein Korkenzieher in die Ananas hineingedreht und anschließend mit dem Fruchtfleisch herausgezogen. Der Diät-Tipp schlechthin: Besonders große Früchte kaufen. Dann fasst der Ananasschneider nur etwa die Hälfte des Fruchtfleisches, der Rest bleibt in der Schale und wandert in den Mülleimer – also perfekt für die FdH-Variante der Ananasdiät! Und wenn man auf Nulldiät setzen will, kauft man sich nur sehr kleine Früchte, dann kann man den Ananasschneider nämlich gar nicht einsetzen. Abnehmen kann ja so einfach sein!

Unverzichtbar für: alle, die die Kohlsuppendiät und Zitronensaftkur schon erfolglos hinter sich gebracht haben

Antigeruchsseife, die

Wer bisher angenommen hatte, jede Seife sei auf ihre Art eine Antigeruchsseife, der muss nun seinen Irrtum einräumen. Die wahre Antigeruchsseife ist ein Stück Edelstahl in Seifenform. Ein unentbehrlicher Küchenhelfer, der die Finger nach dem Kochen olfaktorisch neutralisiert. Und wenn man ihn nicht benutzt, kann man ihn im Sommer immer noch zum Stabilisieren unter das wackelige Gartentischbein schieben.
Unverzichtbar für: den Stinkefinger

Apfelschälmaschine, die

Die Apfelschälmaschine funktioniert folgendermaßen: Auf einen Spieß wird ein Apfel gesteckt und das integrierte Messer auf den Apfel aufgesetzt. Mit einer Kurbel dreht man den Spieß, und das Messer schält den Apfel rundherum. Soweit die Theorie. In der Praxis haben die meisten Geräte ein paar klitzekleine Macken. Ist der Apfel zu klein, reicht der Druck vom Messer nicht aus und es schält gar nicht. Ist der Apfel ungleichmäßig rund, wird unsauber geschält. Ist der Apfel zu weich, wird er von dem Spieß zermatscht. Und nicht zuletzt wird bei einigen Modellen die Schale nicht abgeschält, sondern vielmehr in dicken Rillen abgeschabt. Da kann es sein, dass vom Apfel selbst nicht viel übrig bleibt. Aber es ist wirklich toll, an der Kurbel zu drehen.

Unverzichtbar für: Liebhaber EU-genormter Äpfel, Nachwuchserfinder mit kindlicher Freude an simplen Mechanismen und Dickköpfe, die einfach nicht glauben wollen, dass die Schale am gesündesten ist

Apfelteiler, der

Ein Messer, das aussieht wie ein Rad mit Speichen, mit einem Griff rechts und einem links. Man drückt es von oben auf den Apfel, der so in gleichmäßige Spalten geschnitten wird, wobei das Kerngehäuse stehen bleibt. Und jetzt ist es an der Zeit, einen Fachbegriff einzuführen: die Apfelachse. Die Apfelachse ist die gedachte Linie zwischen Apfelstiel und Blütenrest. Da es jedoch tatsächlich einige Äpfel gibt, die sich weigern, ihre Achse geometrisch korrekt in gerader Nord-Süd-Ausrichtung zu bilden, kann es bei diesen rebellischen Exemplaren für den Apfelteiler schwierig werden. Hier liegt es ganz in den Händen des Apfelteilerbenutzers, dem Wildwuchs mit entschlossener Schiefdrückmethode entgegenzuwirken. Ha! Das wäre doch gelacht, wenn man die Natur nicht unterwerfen könnte!
Unverzichtbar für: Westentaschen-Konquistadoren

Aromadeckel, der

»Aromadeckel« ist ein besonders wohlklingender Name für allerlei Topfbedeckungen. Es gibt Hersteller, die verkaufen dicht schließende Deckel als Aromadeckel, wobei man sich fragt, ob nicht alle Deckel dicht schließen und damit automatisch Aromadeckel sein sollten. Dann gibt es besonders hohe Pfannendeckel mit Ablaufrinne fürs Kondenswasser, die unter der Bezeichnung Aromadeckel angepriesen werden. Und dann wiederum gibt es Deckel mit einem Aromaknopf, über den wahlweise die Luftzufuhr geregelt oder Flüssigkeiten hindurchgeschüttet werden können. Jedenfalls ist klar, dass kein Haushalt ohne Aromadeckel auskommen kann. Das Gute ist: Sie besitzen vielleicht schon längst einen und wissen es nur nicht!

Unverzichtbar für: jeden, der essen muss

Auflaufheber, der

Dabei handelt es sich um nichts anderes als einen Tortenheber, bei dem eine Kante mit Wellenschliff geschärft wurde. So kann man den Auflauf erst schneiden und dann das entsprechende Stück aus der Form heben. Fast drängt sich der Verdacht auf, man könnte diesen Vorgang auch anders bewältigen. Aber wie sollte man das wohl schaffen? Alle Grübeleien führen zu nichts. Für diese anspruchsvolle Aufgabe benötigt man definitiv ein Spezialwerkzeug!

Unverzichtbar für: Lasagne-Lover

Aufschäumbecher, der

In Zeiten von Cappuccino & Co. ist der Aufschäumbecher für Milch unentbehrlich. Es gibt ihn in verschiedenen Größen – für eine Tasse, zwei oder drei. Damit hier keine Missverständnisse aufkommen: Beim Aufschäumbecher handelt es sich lediglich um einen kleinen Topf. Für das Schäumen an sich braucht man weitere Utensilien, siehe ☞ *Milchaufschäumer*.

Unverzichtbar für: Möchtegern-Baristas

Augenpfanne, die
Siehe ☞ *Schneckenpfanne*

Austernbrecher, der

Ein Austernbrecher ist nicht etwa eine Person, die sich von dem glibberigen Schleim übergeben muss. Der Austernbrecher ist ein Spezialwerkzeug zum Öffnen dieser Meeresfrucht, auch genannt Austernöffner: ein unscharfes kurzes Messer an einem Griff, mit dem sich die Schale der Muscheln ganz leicht öffnen lässt. Mit jedem anderen Werkzeug würde man sich eher selbst einen abbrechen, um den Panzer zu knacken. Der Austernbrecher ist also unverzichtbar! Wenn die Kinder erschöpft vom Spielplatz heimkommen, schnell zwei Dutzend Sylter Royal Austern aus dem Kühlschrank holen, den Austernbrecher zur Hand nehmen und im Handumdrehen das Abendessen zaubern! Ein bisschen Zitrone über die Austern träufeln – fertig! Die Küche bleibt kalt, Mamas Nerven werden geschont, und gesund ist die Mahlzeit aus dem Meer auch noch!

Unverzichtbar für: Mirácoli-Mütter auf neuen Wegen

Austerngabel, die

Eigentlich sollte man meinen, wenn die Auster einen Bart hat, wäre sie zu alt. Ist aber falsch. Auch die knackfrische Auster hat schon einen Bart: So nennt man den dunklen äußeren Rand des schlabberigen Meerestiers. Um ihn zu entfernen, braucht man die Austerngabel, die drei breite Zinken und einen angeschärften Bartlöser aufweist. Mit der Gabel sticht

der Kenner aber zuallererst in den Rand und guckt, ob die Auster zuckt. Tut sie es, ist sie frisch genug, um in den Schlund zu wandern. Tut sie es nicht, ist es besser, wenn sie in den Müllschlucker wandert. Schon wieder eine Lebensmittelvergiftung verhindert – dank der Austerngabel.
Unverzichtbar für: gesundheitsbewusste Feinschlürfer

Avocadoschneider, der

Der Avocadoschneider ist ein sparschälergroßes Gerät mit einer Schnittfläche, die wie ein Halbkreis geformt und mit mehreren parallel nach innen laufenden Messern versehen ist. Wenn man den Avocadoschneider auf eine Avocadohälfte aufsetzt, kann man sie aushöhlen und gleichzeitig in Scheiben schneiden. Theoretisch. Praktisch aber lassen sich nur Avocados mit harter Schale und butterweichem Kern so behandeln, alle anderen weigern sich, diesem affigen Gerät nachzugeben. Aber – das ist das Tolle daran – die Avocado ist, und das wussten auch schon die Azteken, so gesund für Gehirn und Geist, dass sie einen nach nervenaufreibender Zerlegaktion total beruhigt.
Unverzichtbar für: Guacamole-Fans

Backofenzange, die

Eine Zange, deren flache Greifbacken beide nach unten gebogen sind, um heiße Backbleche und Backformen sicher packen und aus dem Ofen herausheben zu können. Ganz gefahrlos natürlich. Für winzige Auflaufförmchen, die zudem nicht ganz voll

sind, eine tolle Sache. Ansonsten kann man mit der Backofenzange zumindest die Topflappen aus dem Schrank holen.
Unverzichtbar für: die Puppenküche

Kulinarkauderwelsch, das

Es gehört zu den Merkwürdigkeiten dieser Welt, dass man immer von »Küchenlatein« oder »Fachchinesisch« spricht, aber die meisten bescheuerten Wörter der Kulinarik französischen Ursprungs sind. Von »à la minute« über »blanchieren« bis »tournieren« und so weiter und so fort reicht das Kulinarkauderwelsch. Als Grundwortschatz sollte es nicht nur jedem Profi, sondern auch dem ambitionierten Hobbykoch geläufig sein, wenn er mitreden möchte in der großen weiten Welt der Haute Cuisine. Deswegen gleich weiter zur Bain-Marie.

Bain-Marie, die

Eine Warmhaltevorrichtung der Gastronomie, die auf dem Prinzip des Wasserbads beruht. In jeder Kantine eingesetzt: Unter der Metallschüssel mit dem Pressfleisch der Woche befindet sich ein beheizbares Wasserbecken, das das Essen durch aufsteigenden Dampf warm hält, bis auch der lahmste Sachbearbeiter durch die Kantine geschlurft ist. Der Name Bain-Marie geht zurück auf eine jüdische Alchimistin namens Maria, die vor knapp zweitausend Jahren in Alexandria einen speziellen Topf zum Garen im

Wasserbad erfunden haben soll. Bain-Marie (oder in Schwaben »Bemerie«) ist Französisch und heißt so viel wie Marias Bad. Siehe auch ☞ *Simmertopf.*
Unverzichtbar für: die Schlacht am heißen Buffet

Balsamico-Sprayer, der
Siehe ☞ *Ölsprayer*

Benediktinerhobel, der
Wer bei Benediktinerhobel an eine lautmalerische Umschreibung des elften Fingers eines sinnenfrohen Mönchs denkt, der irrt. Der Benediktinerhobel ist ein Gerät, um Kartoffeln in Spiralen zu schneiden. Deswegen wird er auch Kartoffelspirale genannt. Es handelt sich um einen dünnen Bohrer, an dem ein ringförmiges Schneidmesser befestigt ist. Die Kartoffelspirale bohrt man in Längsrichtung durch die Kartoffel und schneidet so die Spiralen heraus. Auf diese Weise wird der Erdapfel zu einem besonders himmlischen Genuss. Und die Kartoffelreste kann man dem örtlichen Wildgehege spenden, dann hat man auch noch der Nächstenliebe Genüge getan.
Unverzichtbar für: alle, die den Dreh raushaben

Bierrucksack, der
Siehe auch ☞ *Getränkerucksack.*
Partykanone als Hobby! Mit dem Bierrucksack, einer mobilen Zapfanlage für bis zu zwanzig Liter Bier, steht man auf jeder Feier im Mittelpunkt des Interesses. Lustige Sprüche zu klopfen, um anderen zu imponieren, wird im wahrsten Sinne des Wortes überflüssig. Noch nie war es so unkompliziert, beliebt zu sein –

jedenfalls solange die Zapfpistole noch was hergibt! Und auch beim Rückwärtsumfallen ist der Rucksack unentbehrlich – federt er doch den Sturz ab.
Unverzichtbar für: Mauerblümchen & Mofs (Menschen ohne Freunde)

Blinipfanne, die

Die Blinipfanne ist eine Pfanne für russische Teigküchlein, die in flachen Vertiefungen originalgetreu gebacken werden. Die Blinipfanne ist nach dem ☞ *Crêpemaker* und dem ☞ *Poffertjesmaker* ein wichtiger Schritt in Sachen EU(Erforderliche Utensilien)-Erweiterung, die sich damit auf Russland ausgedehnt hat.
Unverzichtbar für: die Völkerverbindung

Bohnenfadenentferner, der

Ein Gerät aus der Zeit, als es noch hieß: Nur die Harten kommen aus'm Garten. Frühere Bohnenzüchtungen besaßen nämlich einen ungenießbar zähen Faden an jeder Seite der Schote. Dieser musste vor dem Kochen entfernt werden. Die pfiffige Hausfrau nutzte dafür den Bohnenfadenentferner, der an die Tischkante geschraubt wurde. Er besteht im Wesentlichen aus einer Klinge, über die beide Seiten der Bohne gezogen werden. Da die harten Fäden aus den Bohnen weggezüchtet wurden, steht der Bohnenfadenentferner schon lange auf der *Roten Liste der vom Aussterben bedrohten Küchengeräte.*
Unverzichtbar für: Heimatkundemuseen

Die Rote Liste der vom Aussterben bedrohten Küchengeräte:

Bohnenfadenentferner, Buttermodel, Eierschneider, Fischmesser, Kaffeemühle, Kannenwärmer, Tauchsieder, Rührfix, Pfeifkessel, Spargelliege, Spargel-Fingerzange, Suppenterrine.

Bratengabel-Thermometer, das

Das Bratengabel-Thermometer ist die etwas feiner ausgeklügelte Version des Bratenthermometers, denn damit lässt sich der Braten nicht nur auf seine Temperatur überprüfen, sondern sogar anheben. Aber trotz seiner guten Ansätze ist das Bratengabel-Thermometer noch ausbaufähig – zum Bratengabel-Feuchtigkeitsmesser-Soßenquirl-Thermometer zum Beispiel. So würde ein Schuh daraus.

Unverzichtbar für: All-in-one-Liebhaber

Bratensaftspritze, die

Fans von Dr. House können aufatmen. Realistisches Nachspielen der Lieblingsärzteserie ist jetzt möglich. Für einfache chirurgische Eingriffe hatte man ja bisher schon allerlei Messer zur Hand, jetzt aber heißt es beim Kochen: Schwester, die Spritze bitte! Die Bratensaftspritze besteht aus einem dünnen Saugröhrchen mit einem Gummibalg am Ende. Wie mit einer Pipette kann der Bratensaft aufgesaugt und über das Fleisch gegossen werden. Das ist aber nur die Weichei-Methode. Viel schöner ist es, die Injektionsnadel direkt ins Fleisch zu jagen. Das macht zwar Löcher,

durch die der Saft wieder raussickern kann, bringt aber echt Spaß!
Unverzichtbar für: Leute, die schon immer mal die Szene in *Pulp Fiction* nachstellen wollten, in der Vincent Vega der bedröhnten Mia Wallace die Adrenalinspritze ins Herz rammt

Der Bratspieß und die Hunde

Was heute zur Grundausstattung jeder Hähnchenbraterei gehört, ist ein Küchengerät mit sehr langer und kurioser Tradition: der Bratspieß. Ulrich Klever beschreibt in seinem Buch *Alte Küchengeräte* die Mechanismen, die man lange vor der Zeit des Umluftherds ersann, um das Schlachtvieh auf dem offenen Feuer von allen Seiten zu rösten. In manch mondäner Küche mussten Knaben kurbeln, bis die Schwarte krachte. Da vom Spanferkel bis zum ganzen Ochsen alles auf die Spieße gesteckt wurde, gab es da sicher den ein oder anderen lahmen Arm zu beklagen. Doch es existierten auch ausgeklügelte Techniken, die ohne Manneskraft auskamen. So entwickelte Leonardo da Vinci einen drehbaren Bratspieß mit Zuggewichten, Federwerken und Zahnrädern, und 1607 beschrieb Vittorio Zonca einen Spieß, der durch die Wärme des aufsteigenden Rauches betrieben wurde. Im Kloster am Grossen Sankt Bernhard machte man es sich einfacher und besann sich auf die Kraft der vierbeinigen Freunde. Die Bernhardiner mussten dort, wenn sie vom Suchtrupp in den Lawinen nach Hause kamen, in der Klosterküche den Spieß drehen. Auch die Engländer waren clever: Um 1800 schlossen sie Laufräder an die Kurbel eines Bratspießes an, in denen kurzbeinige Hunde – vermutlich angestachelt durch den köstlichen Fleischgeruch – rannten, um dem Herrchen eine krosse Keule zu beschaffen. In den sogenannten dog wheels musste eine extra dafür gezüchtete kurzbeinige Hunderasse, die Turnspit-Dogs (Drehspieß-Hunde), schuften. Schade, dass es die dog wheels nicht mehr gibt. Sie stellten die ideale Symbiose von Tierliebe und Genuss dar – denn wie einfach könnte man damit dem verfetteten Stadthund von heute Bewegung und sich ein perfekt geröstetes Spanferkel verschaffen!

Bratenthermometer, das

Was gibt es Schöneres als jederzeit zu wissen, wie kuschelig warm der Braten es von innen hat? Da macht es Sinn, den spitzen Dorn des Thermometers häufig in das Fleisch zu stechen, um sich davon zu überzeugen, dass die Hitze auch innen ankommt. Es gibt auch super clevere Bratenthermometer, die man einfach im Fleisch stecken lassen kann und die per Live-Schalte die aktuelle Temperatur nach außen übertragen.

Unverzichtbar für: Public-Braten-Viewing

Bratenzange, die
Siehe ☞ *Schneidehilfe*

Brenneisen, das
Was der ☞ *Bunsenbrenner* für die Crème brûlée ist das Brenneisen für die Crema catalana. Denn im Original wird der Zucker auf der spanischen Süßspeise nur mit dem Brenneisen karamellisiert. Es sieht aus wie ein Tauchsieder, nur mit einer flachen Heizspirale. Die wird – ähnlich wie ein Brandzeichen bei den Rindern in der Pampa – auf die kalte, mit Zucker bestreute Crema gedrückt, es zischt und qualmt, und fertig ist die Karamellkruste!
Unverzichtbar für: das echte Gaucho-Feeling

Brotbackautomat, der
Der Brotbackautomat ist wirklich eine tolle Maschine, die Teig knetet und backt. Das Modegerät der 1980er, erlebt derzeit eine Renaissance. Denn nichts geht über den Geruch von frischgebackenem Brot! Und es ist auch so wahnsinnig beruhigend, dem Teig beim Bräunen zuzusehen. Wem die Waschmaschine zu schnell schleudert oder wer zu weit von einem Autobahnbrückenverkehrsbeobachtungsposten entfernt wohnt, der kann sich vor das Sichtfenster seines Brotbackautomaten setzen und die dreieinhalb Stunden der Zubereitung so richtig schön genießen! Und das Beste ist: Es gibt keine lästigen Werbeunterbrechungen, und wenn das spannende Backprogramm zu Ende ist, dann dauert es nur noch eine Stunde des Abkühlens, und man wird mit einem herrlich frischen Brot belohnt! Dass es nicht so schön knusprig

wie vom Bäcker ist, vergisst man ganz schnell durch die Ablenkung des anschließenden Spülens der Maschine.

Unverzichtbar für: fernsehverdrossene Eigenbrötler, die den Untergang des Testbilds niemals verwunden haben

Berühmte letzte Worte:

»Natürlich kann mein Kind die Brotschneidemaschine bedienen.«

Buffetpinzette, die

Auch genannt Kochpinzette. Etwa dreißig Zentimeter langes schmales Greifhilfswerkzeug. Unentbehrlich zum Dekorieren, Wenden von Bratgut in der Pfanne und auf dem Grill! Damit kann man einfach alles greifen: Lachsscheiben, Petersiliensträußchen und verkohlte Würstchen. Man braucht nicht mehr seine Finger zu benutzen, um den Toast aus dem Toaster zu holen oder die heruntergefallene Zwiebelschale aufzuheben oder sich am Bein zu kratzen. Ein lustiges Spiel ist auch das »Angelspiel«: Fischen im kochenden Nudelwasser nach einer Nudel zur Garprobe – mit der Pinzette!

Unverzichtbar für: das Feinmotorik-Training

Berühmte letzte Worte:

»Wenn ich an diesen verkokelten Krümel unten im Toaster nicht mit der Hand komme, nehme ich eben die Buffetpinzette.«

Bunsenbrenner, der

Wer sich im Chemieunterricht benachteiligt sah, weil er niemals selbst die Salzsäure erhitzen durfte, der kann sein Schülertrauma nun genussvoll selber heilen: mit dem Küchen-Bunsenbrenner. Alles, was man dazu braucht, sind Dutzende Eier, literweise Sahne und haufenweise Zucker. Denn das Geheimnis der Crème brûlée ist neben ihrer Schreibweise die karamellisierte Zuckerkruste – und dafür ist der Bunsenbrenner unverzichtbar. Man muss nur acht Eier trennen, Zucker im Eigelb auflösen, das Mark aus einer Vanilleschote kratzen und in einem dreiviertel Liter süßer Sahne erhitzen, die Creme im Wasserbad aufschlagen, durch ein Haarsieb gießen und anschließend die Förmchen über Nacht in den Kühlschrank stellen – und schon kann man den Bunsenbrenner zücken. Haha! Da würde der Schulstreber von damals aber Augen machen! In Sekundenschnelle wird aus dem aufgestreuten Rohrohrzucker eine köstliche heiße Karamellkruste. So macht Chemie Freude! Nicht nur bei der Zubereitung, auch beim anschließenden Verputzen. Denn Crème brûlée ist leckerer als Ammoniumchlorid! Da kriegt man gleich Lust auf mehr. Alles, was man tun muss, ist acht Eier zu trennen, und so weiter und so fort. Es könnte allerdings passieren, dass man nach einiger Zeit die Crème brûlée ein klitzekleines bisschen satt hat. Und vielleicht das eine oder andere Pfündchen zulegt. Aber das ist überhaupt kein Problem! Denn auch Abnehmen ist mit dem Bunsenbrenner ganz einfach: Indem man ihn statt auf die Zuckerkruste auf das lästige Unkraut in der Garageneinfahrt an-

setzt. Gartenarbeit hilft immer beim Kampf gegen die Kilos.
Unverzichtbar für: pyromanisch veranlagte Naschkatzen

Berühmte letzte Worte:
»Ich hole nur schnell die Creme aus dem Kühlschrank. Da lohnt es sich nicht, den Bunsenbrenner auszuschalten.«

Buntmesser, das

Gewellte Kohlrabischeibchen gefällig? Oder ein Häppchen geriffelte Rote Beete? Das Buntmesser mit seiner wellenförmigen Klinge macht es möglich. Viele kennen diese Art Dekoschnitt vom Kaisergemüse aus der Kantine: Dort dient er dazu, der Gummikarotte wenigstens optisch ein bisschen Pep zu verleihen. Aber auch zu Hause kann man damit Wunder bewirken: So einfach war Verzieren noch nie!
Unverzichtbar für: die Schlacht am kalten Bufett

Burgerpresse, die

Siehe ☞ *Hamburgerformer*

Buttermesser, das

Das Buttermesser ist total öde, weil voll Knigge. Man darf damit nur Butter schneiden und schmieren. Es taugt auch zu nichts anderem, weil es ziemlich stumpf ist. Braucht man, wenn man Gäste bewirtet, die sich über falsch angeordnete Gabeln, fehlende Serviettenringe oder Rotwein zu Fisch aufregen.
Unverzichtbar für: Altbackenes

Buttermodel, der

Auch genannt Butterform. Ein innen verziertes Förmchen aus Holz, in das früher die selbstgemachte Butter gefüllt wurde, damit sie nach dem Stürzen ein schickes Muster bekam. Steht schon lange auf der ☞ *Roten Liste der vom Aussterben bedrohten Küchengeräte.* Findet man eigentlich nur noch auf dem Flohmarkt. Da aber auf dem Land das Selbermachen der Butter gerade wieder schick wird, kann es sein, dass der Buttermodel bald wieder total angesagt ist. Wer weiß? Vielleicht sucht sogar Heidi Klum demnächst Germany's Next Buttermodel …

Unverzichtbar für: ein deftiges Bauernfrühstück

Butterroller, der

Eine Art Enterhaken im Miniaturformat, den man braucht, um von einem Butterklumpen jene filigranen Röllchen zu schaben, die auf jedem Frühstücksbuffet zweitklassiger Hotels zu finden sind. Da man zu Hause leider keinen Azubi zu dieser stupiden Tätigkeit verdonnern kann, gehört der Butterroller in der heimischen Küche zur Kategorie der ☞ *Schubladenverstopfer.* Man schmeißt ihn nur nicht weg, weil er nicht viel Platz wegnimmt. Und – im Gegensatz zum schrottigen Dosenöffner für zwei Euro – das Zehnfache gekostet hat. Und weil man ihn vielleicht doch noch mal braucht, um die Schwiegermutter in spe zu beeindrucken.

Unverzichtbar für: Frühstücksästheten mit viiieeel Zeit

Caipirinha-Stößel, der

Es soll Leute geben, die die Limetten für ihren Caipirinha mit einem Kochlöffel zerdrücken, aber wie stillos ist das denn? Jeder Jucki (Junger urbaner Cocktailbar-Kunde) weiß doch, wie es gemacht wird: mit einem Stößel. Original natürlich aus Holz, in Protzform aus Edelstahl.

Unverzichtbar für: das Copacabana-Feeling auf der Terrasse

Cappuccino-Schablone, die

Siehe auch ☞ *Kakaostreuer*

Gewitzte Manager nutzen die Cappuccino-Schablone bereits für die Corporate Identity in der Kaffeetasse: indem sie Modelle mit dem Firmenlogo pressen lassen. Das Kakaopulver wird durch die Schablone auf den Milchschaum gestäubt – und schon hat der Angestellte auch in der Kaffeepause das Geschäftsemblem vor Augen! Wahnsinnig motivierend!

Unverzichtbar für: Manager, die nach der Versenkung eines Hedgefonds und einer Entlassungswelle das Vertrauen ihrer Mitarbeiter zurückgewinnen wollen

Caquelon, das

Das Caquelon stammt auch aus dem Französischen und bezeichnet einen Topf mit Stiel, der für Käsefondue benutzt wird. Meistens ist er aus Keramik, aus emailliertem Gusseisen oder Porzellan und hat einen dicken Boden, damit der Käse nicht anbrennt. Zusammen mit einem ☞ *Rechaud* und den passenden langstieligen Gabeln bildet es ein ☞ *Fondue-Set*. Und um die Weiterbildung in Sachen Kulinarkauder-

welsch zu fördern, hier noch der Hinweis: Die köstliche Käsekruste, die sich am Boden des Caquelons absetzt und ganz am Schluss verspeist wird, nennt der Fachmann »la religieuse«, auf Deutsch: Nonne.
Unverzichtbar für: Käsegläubige

Kulinarkauderwelsch I

KÜCHENCHEF
Lehrling, du fängst heute mit dem Blondieren an.

LEHRLING
Aber ich bin doch schon blond.

KÜCHENCHEF
Das merke ich, so blöd wie du bist. Du sollst die Zwiebelwürfel blondieren!

LEHRLING
Mit Wasserstoffperoxid? Ist das nicht gefährlich?

KÜCHENCHEF
Mon Dieu, Blondieren bedeutet: leicht anbraten, bis die Zwiebelwürfel hellbraun sind.

LEHRLING
Aber warum sagen Sie das nicht gleich?

KÜCHENCHEF
(*seufzt*)
Aus dir wird nie was!

Top 3 der exotischen Geräte

1. Cevapcici-Presse
2. Teppanyaki-Grill
3. Thüringer Kloßpresse

Cevapcici-Presse, die

Cevapcici ist die Frikadelle des Ex-Jugoslawen: Hackfleisch in Wurstfinger-Form. Sie eroberte lange vor dem Döner Kebab den teutonischen Gaumen und galt schon in den 1960er-Jahren als einer der beliebtesten Exportartikel aus dem sonnigen Südosten Europas. Seit dem Auseinanderbrechen Jugoslawiens ist die Balkan-Bulette allerdings ein bisschen in Vergessenheit geraten. Und das ist wirklich unfair! Denn erstens beschert die sozialistenrote Handpresse (ein tassengroßer Plastikbehälter mit durchlöchertem Deckel) einem das unvergleichliche Vergnügen, sechs Fleischwürste auf einmal aus Löchern quellen zu sehen. (Obacht! Bitte die politisch korrekte Unterscheidung zwischen serbischem – zehn Zentimeter lang – und bosnischem Cevapcici – fünf Zentimeter lang – beachten!) Und zweitens ist alleine das Wort Cevapcici-Presse so schön, dass man es sich mindestens dreimal im Monat auf der Zunge zergehen lasse sollte. Deswegen sei an dieser Stelle das Motto von *PolymorFood,* der noch zu gründenden *Gesellschaft für Technodiversität in der Küche,* wiedergegeben: Habt ein Herz für die Cevapcici-Presse!

Unverzichtbar für: Hobbyköche, die die ganzen Touchslider-Bediensystem-Luxus-Küchen-Besitzer verblüffen wollen – nach dem Motto: kleines Gerät, großer Lacher!

Champagnerquirl, der

Der Aschenputtel-Effekt: Ein feudaler Name macht aus einem ordinären Rührbesen ein Mitglied der High Society. Und dort wird er ständig gebraucht! Denn der Champagnerquirl ist dazu da, die lästige Kohlensäure aus dem Blubberwasser zu schlagen. Was wirklich dringend notwendig ist, da das Hauptproblem am Schampus ja bekanntermaßen der Prickeleffekt ist.

Unverzichtbar für: Personality-Coaches, die ein leuchtendes Beispiel für einen gelungenen Imagewandel suchen

Top 3 der französischen Geräte

1. Champagnersäbel
2. Entenpresse
3. Absinthlöffel

Champagnersäbel, der

Hier knallen die Korken richtig! Wer sich mal wieder ärgert, dass ihm auf einer Feier zu wenig Aufmerksamkeit zuteil wird, greift zum Champagnersäbel und schlägt dem Schampus die Rübe ab. Der Korken samt Flaschenkopf fliegt in hohem Bogen davon. Zumindest wenn man richtig trifft. Wenn nicht, ist einfach nur die Flasche kaputt. Diese martialische Form des Entkorkens nennt sich sabrieren. Napoleon, der

alte Wichtigtuer, erfand sie 1812 auf seinem Russlandfeldzug. Der Applaus ist jedem Sabreur sicher und er darf den Korken als Trophäe behalten. Wenn er ihn wiederfinden kann.
Unverzichtbar für: frankophile Schöngeister mit ruhiger Hand, die den Verlust der einen oder anderen Champagnerflasche zu Trainingszwecken verschmerzen können

Berühmte letzte Worte

»Oh, der Wolf kommt näher! Mylord, so nehmt doch den Säbel!«
»Mylady, nur ein Banause würde ihn für etwas anderes benutzen als Champagner.«

Chocolatiere, die

Die Welt wird zum Schlaraffenland mit der Chocolatiere, einem elektrisch betriebenen Schmelztöpfchen für alle Arten von Schokolade. Damit wird Schokoladeschmelzen zum liebsten Zeitvertreib. Und plötzlich entdeckt man tausendundeine Möglichkeit, seiner Umwelt ein ganz neues, äußerst süßes Gesicht zu geben. Mit Schokoladenüberzug schmeckt einfach alles besser! Äpfel, Bananen, Erdbeeren, die harten Dinkelvollkornkekse, Brötchen von gestern, ja sogar das Croissant vom letzten Wochenende bekommt mit dem Schokoguss nicht nur einen Topgeschmack, sondern auch eine ganz neue Optik. Angetrocknete oder verfaulte Stellen und sogar kleine, harmlose Schimmelpünktchen werden einfach wegschokoladiert. Und in ganz neue Geschmackswelten kann man eintauchen, wenn man das langweilige Silber-

besteck mit Schokolade überzieht, oder auch mal – nur so zum Spaß – die Zahnbürste! Man braucht nur einen Elektroanschluss, dann kann es losgehen. Lange Bahnfahrten vergehen wie im Flug, und selbst der Aufenthalt im Wartezimmer der Zahnarztpraxis wird zum Genuss, hat man die Chocolatiere dabei. Und sind weder Obst noch Hustenbonbons verfügbar, dann ist das auch kein Problem: Einfach die Finger eintauchen, und schon verwandeln sie sich in zehn köstliche Schokolollis! Sagenhaft!
Unverzichtbar für: Menschen mit niedrigem Serotoninspiegel

Crêpemaker (elektrisch), der
Eine erhitzbare Platte mit Kabelanschluss zum Crêpemachen. Eigentlich ist der Crêpe ja nichts anderes als ein dünner Pfannkuchen. Und jetzt zum großen Preisrätsel:
Wo macht man Pfannkuchen?
A in der Pfanne
B in der Besteckschublade
Wer diese Frage richtig beantworten kann, hat sich einen Crêpemaker verdient! Und gewährleistet so die Internationalität der Elektrokleingerätesammlung im Keller. Eine tolle Ergänzung zum ☞ *Poffertjesmaker.*
Unverzichtbar für: Schaumschläger, die dem diskreten Charme der Bourgeoisie erlegen sind

Crockpot, der
Siehe ☞ *Slow-Cooker*

Kurze Geschichte der Küchengeräte – wie der Wahnsinn begann …

Das waren noch Zeiten, als man sich einen Schneebesen aus Fichtenästen bastelte. Lange vor der Erfindung von Edelstahl, Teflon und gebürstetem Aluminium wussten sich die Menschen mit einfachsten Mitteln zu helfen. In der Steinzeit wurden Messer und Schaber aus Horn, Knochen oder Stein gemacht, in Tierhäuten wurde gekocht und auf flachen Steinen, die im Feuer erhitzt wurden, gebraten. Den Heißen Stein gibt es heute wieder – elektrisch betrieben. Und die Sache mit den Tierhäuten wäre vielleicht auch eine gute Idee für die Gucci-Tasche der vergangenen Saison, die man wenigstens noch für ein schönes Gulaschsüppchen benutzen könnte. Aber das wäre ja zu simpel. Denn für alles gibt es heutzutage ein Spezialgerät, das der ernsthafte Hobbykoch oder die gewiefte Hausfrau zu haben müssen glaubt … Dabei beginnt die Geschichte der Küchengeräte damit, dass sie das Kochen überhaupt erst ermöglichten. Später sollten sie den Vorgang vereinfachen – oder besonderen Genuss verschaffen. Toaster gab es schon im 19. Jahrhundert, ebenso mechanisch betriebene Geräte wie den Fleischwolf, den Mörser, Korn- und Nussmühlen, Schneebesen und andere Rührgeräte. Mit Einzug der Elektrizität wurden die Geräte vielfältiger. Aber erst mit dem Wirtschaftswunder der 1950er verbreiteten sich die Elektrohelfer in den deutschen Haushalten, von der Spülmaschine über elektrische Kaffeemaschinen bis hin zu Waschmaschinen und anderen Neuerungen. Seitdem kommt es immer mehr aus der Mode, überhaupt etwas mit der Hand zu machen.

Unverzichtbare überflüssige Küchengeräte D–F

Dalkenpfanne, Dampfentsafter, Dampfgarer (elektrisch), Darioles, Degustationsset, Dehydrator, Dekorierstreuer, Dessertring, Dönerspieß, Donutmaker, Dörrautomat, Dosenöffner (elektrisch), Drahtkäseschneider, Dressingzubereiter, Dressiernadel, Dressiersack, Egg Coddler, Eierbackring, Eierkocher, Eierpikser, Eierschalensollbruchstellenverursacher, Eierschere, Eierschneider, Eiertrenner, Einhandmehlsieb, Einhandnudelholz, Einkochautomat, Eiscrusher, Eismaschine, Eisportionierer, Eiswürfelformen, Eiswürfelmaschine, Elektromesser, Entenpresse, Entsafter, Espuma-Sprayer, Essigsprayer, Essstäbchen, Fadenschneider, Faschiermaschine, Finger-Hitzeschutz, Fischentschupper, Fischgrätenpinzette, Fischmesser, Flambierbrenner, Fleischhammer, Fleischklopfer, Fleischkloßformer, Fleischwolf, Fleischzartmacher, Flockenquetsche, Flocker, Flötenkessel, Flotte Lotte, Folienschweißgerät, Fondue-Set, Förtchenpfanne, Friteuse, Fruchtlöffel, Funk-Grillthermometer (digital)

Dalkenpfanne, die

Ein Küchengerät mit langer Historie. Die Dalkenpfanne gibt es schon seit Jahrhunderten, und hin und wieder findet man eine auf Omas Speicher oder dem Flohmarkt. Es handelt sich um eine Pfanne mit kleinen runden Vertiefungen zum Backen von süßen gefüllten Krapfen (daher heißt sie auch manchmal Krapfenpfanne). Diese Krapfen werden in Böhmen Dalken genannt und sind unter diesem Namen auch in Tschechien und Österreich beliebt. In Schleswig-Holstein heißen sie auf Plattdeutsch Brunklüten (braune Klöße) oder – offizieller – Förtchen (deswegen gibt es die Dalkenpfanne auch unter der Bezeichnung Förtchenpfanne), in Dänemark nennt man sie Aebleskiver. Wenn man so eine Pfanne besitzt, hat man die Internationalität seiner Küche also schon bewiesen: denn man kann auch Takoyaki damit machen. Das ist die japanische Variante der Klöße. Die werden aber nicht mit süßem Mus, sondern mit Oktopus gefüllt. So vielfältig einsetzbar ist ja nun wirklich kaum ein anderes Küchengerät. Ein absolutes Must-Have! Und wenn man die Dalkenpfanne nicht mehr verwendet, kann man sie immer noch in ein paar Jahrhunderten auf dem Flohmarkt loswerden.

Unverzichtbar für: konservative Sparer auf der Suche nach einer sicheren Geldanlage

Dampfentsafter, der

Siehe ☞ *Einkochautomat*

Dampfgarer (elektrisch), der

Der elektrische Dampfgarer ist eine revolutionäre Erfindung. Abgesehen davon, dass die Chinesen schon seit tausenden von Jahren im Dampf garen. Sie benutzen dazu ein Bambuskörbchen. In der westlichen Welt gibt es den Dämpfeinsatz in Edelstahl. Doch auch den setzt man einfach nur in einen Topf und macht den Deckel drauf. Wie langweilig! Viel besser ist es, einen speziellen Dampfgarer für knapp hundert Euro zu kaufen. Damit ist die Motivation gleich viel höher, ab jetzt nur noch Gedämpftes zu essen! Und das ist ja so gesund! Viel vitaminreicher und geschmackvoller, und das ganz ohne Fett! Was man da an teurem Olivenöl und Salz sparen kann! So amortisiert sich der Kaufpreis ganz schnell. Anderthalb Jahre nur gedämpftes Gemüse, Fleisch und Fisch – und schon hat man das Geld für den Dampfgarer wieder drin. Ihr Arzt wird begeistert sein!
Unverzichtbar für: alle, die Röstaromen für überbewertet halten

Darioles, die

Dariole ist französisch und heißt soviel wie Becherform. Demzufolge sind Darioles metallene Förmchen, die aussehen wie Becher. Sie werden zur Herstellung von Soufflés, Parfaits und Pasteten verwendet. Manche benutzen auch kleine Auflaufformen dafür, aber Darioles sind natürlich très chic!
Unverzichtbar für: Etepetete-Pasteten

Degustationsset, das

Degustation heißt nichts anderes als Verkostung. Und das heißt nichts anderes als Probieren. Das Degustationsset ist ein Taschenmesser mit ausklappbarer Gabel und Löffel. Wie der Handwerker seinen Werkzeuggürtel immer dabeihat, hat der Profi unter den Hobbyköchen sein Degustationsset stets parat. Damit ist man auch im Supermarkt autark, wenn der schleimige Verkäufer am Probierstand einem Blutwurst, Räucherhering oder Christstollen aufgepiekst auf einen Zahnstocher anbieten möchte. Da zückt man direkt sein Degustationsset und zeigt, wer hier der Amateur ist.

Unverzichtbar für: die Kostprobe aufs Exempel

Dehydrator, der

Siehe ☞ *Dörrautomat*

Dekorierstreuer, der

Siehe ☞ *Kakaostreuer* und ☞ *Cappuccino-Schablone*

Dessertring, der

Siehe ☞ *Servierring*

Dönerspieß, der

Kulinarisch sind die Türken längst vollkommen integriert: Döner ist aus deutschen Fressmeilen nicht mehr wegzudenken. Jetzt kann sich jeder auch ein Stück Türkei nach Hause holen: mit dem Dönerspieß im Kleinformat. Alles, was man braucht, sind ein paar Kilo speziell marinierte Fleischlappen und

ein bisschen Geduld – da kommt der Hunger von ganz allein! Fleisch aufspießen, einschalten, warten. Messer zücken, bisschen schnippeln, warten. In der Zwischenzeit schafft man es mit Sicherheit auch noch, ein türkisches Fladenbrot zu backen, Knofisoße anzurühren und Gemüse kleinzuhacken – für den perfekten Anatolienmix.
Unverzichtbar für: Gammelfleisch-Geschädigte

Donutmaker, der

Eine Art Waffeleisen mit Lochförmchen auf der Backfläche, in die der Teig gefüllt wird. Die Donuts sind schon nach wenigen Minuten fertig. Und falls man sie heil aus den Löchern herauskriegt, kann man sie sofort verputzen. Diese selbstgemachten Donuts sind deutlich kleiner als die handelsüblichen Kringel. Homer Simpson würde wahrscheinlich sagen: »Oh, Baby-Donuts! Sie sind gerade geschlüpft!« Sie schmecken auch ganz anders als die aus dem Laden, weil sie ja nicht in Fett gebacken werden. Mit den Kalorien wird also gleichzeitig an Geschmack gespart. Aber gerade das ist das Tolle am Donutmaker: Es ist nicht so lecker, aber dafür kann man mehr essen!
Unverzichtbar für: Gourmands

Dörrautomat, der

Auch genannt Dehydrator. Da wir ja leider nicht in Apulien leben, wo man die Tomaten einfach mit der Kochwäsche zum Trocknen auf die Leine hängt, braucht man hierzulande dringend einen Dörrautomaten. Wie sonst ließen sich getrocknete Pflaumen oder zerschrumpelte Pilze herstellen? Gut, man

könnte sie im Backofen dörren, aber wozu ein bereits vorhandenes Gerät benutzen, wenn man doch ein neues kaufen kann? In nur sechs Stunden zaubert man im Dörrautomaten aus dem knackigsten Apfel einen weichen braunen Fernsehsnack oder stellt aus einem leckeren Stück Rindfleisch eine Art Fleisch-Kaugummi namens Beef Jerky her. So hat man viel länger was vom Essen!
Unverzichtbar für: Kaumuskel-Pilates

Berühmte letzte Worte:
»Ach, dieses kleine Loch im Kabel des Dörrautomaten flicke ich mit Klebeband.«

Dosenöffner (elektrisch)

Lange bevor ☞ *Halogenofen* und ☞ *Poffertjesmaker* sich anschickten, die Krone der Küchengeräteschöpfung zu werden, hatte der elektrische Dosenöffner diese Position inne. Nach dem Schuften in den Trümmern fand man es in Wirtschaftswunderzeiten des vergangenen Jahrhunderts todschick, einen elektrischen Helfer für niedere Dienste verpflichten zu können. Abgesehen davon, dass man damals natürlich über Neuerungen wie Ravioli aus der Dose so aus dem Häuschen war, dass man sich daran nicht satt essen konnte. Heute ist Dosenfutter zwar wegen des angeblich geringen Vitamingehalts etwas in Verruf geraten, aber das ist ja wohl nicht die Schuld des elektrischen Dosenöffners! Also: Petticoat anziehen, Dosenravioli holen und dem elektrischen Dosenöffner zuschauen, wie er sie knackt. Nostalgie zum Essen!
Unverzichtbar für: Linkshänder

Drahtkäseschneider, der

Der unüberschaubaren Vielzahl unterschiedlichster Käsesorten wird von der Industrie eine ebensolche Masse an Käsezerteilern entgegengesetzt. Beim Drahtkäseschneider handelt es sich um ein messerartiges Gerät, nur dass die Klinge durch ein oder zwei Drähte ersetzt worden ist. Damit soll man selbst weichen Käse perfekt schneiden können. Da das im Notfall eigentlich auch ein ganz normales Messer leistet, gehört dieser Drahtkäseschneider trotz seiner wirklich formschönen Optik zur Kategorie der ☞ *Schubladenverstopfer*. Kann man haben, muss man aber nicht.

Unverzichtbar für: die Käse-Avantgarde

Dressiernadel, die

Ein weiteres Instrument aus der Abteilung »Chirurgisches Kochen«. Die Dressiernadel sieht aus wie eine überdimensionale Stopfnadel, mit der man mit Hilfe von Kochgarn zum Beispiel gefüllte Braten zusammennähen oder auch nur so zum Spaß ein paar Bratwürste zu einem Floß verknüpfen kann. Oder wenn einem die Spießform zum Hals heraushängt, einfach mal eine Schaschlikkette basteln! Mit der Dressiernadel kommt jedenfalls ganz neuer Schwung in Ihre Küche.

Unverzichtbar für: Ärzte im Praktikum

Dressiersack, der

Der Dressiersack ist nicht etwa ein skrupelloser Pferdedresseur, der seine Klepper mit Dopingmitteln vollpumpt, sondern ein Gerät zum Verzieren von Kuchen mit Schlagsahne oder Cremes. Siehe ☞ *Spritzbeutel.*

Dressingzubereiter, der

Auch genannt Vinaigrette-Maker, Dressing-Shaker oder Dressingmaker. Eine Schüttelflasche mit aufgedruckten Mengenangaben, manchmal zusätzlich mit eingebautem Quirl. Ist viel einfacher, als eine Salatsoße im Schüsselchen zuzubereiten – wenn man ganz, ganz feste den Deckel zuhält. So trainiert man auch endlich mal die vernachlässigte Fingermuskulatur! Denn einige Flaschen bestrafen das kleinste Nachlassen der Kraft sofort mit herumspritzender Soße. Da haben Sie dann den Salat!
Unverzichtbar für: jeden, der seinen Handmuskeltrainer mal wieder verlegt hat

Egg Coddler, der

Der Engländer brät sich ja gern mal ein Extrawürstchen zum Frühstück. Auch in Sachen Eierkochen hat er seine ganz eigene Methode. Während der Rest der Welt sich mit der natürlichen Verpackung der Eier zufriedengibt, ersetzt das British Empire die Eierschale durch einen Egg Coddler – übersetzt heißt das Ei-Verwöhner. Egg Coddler sind kleine Porzellangefäße mit einem Schraubverschluss. Das rohe Ei wird in den Egg Coddler gegossen und dieser ins Wasserbad gestellt. Der Unterschied zum normalen Eierkochen ist, dass man Salz und Pfeffer oder andere Gewürze schon vor dem Kochen zufügen kann und nicht erst plump hinterher. Auch Schinken oder Thunfisch mischt der Engländer gern dazu. Das Kochen dau-

ert dann viel länger als normal, und trotzdem bleibt das Ei sehr weich. Wer also auf Schirm, Charme und Eiweißglibber steht, für den ist der Egg Coddler perfekt.
Unverzichtbar für: Paare, die den sonntäglichen Streit über das korrekte Öffnen des Eis von vornherein vermeiden wollen (siehe auch ☞ *Eierschalensollbruchstellenverursacher*)

Eierbackring, der

Auch genannt Setzeierförmchen oder Spiegeleiform. Man setzt die Form in die Pfanne und schlägt das Ei hinein. Je nach Form bekommt das Spiegelei, das eigentlich ein Setzei ist (Spiegeleier werden von beiden Seiten gebraten), so jedes beliebige Aussehen. Von Romantikern besonders geschätzt: die Herzform. Oder die Blümchenform. Einfach entzückend! Aufsehen erregender ist es aber, die frivole Variante zu wählen und ein Setzei in Busen- oder Penisgestalt zu servieren. Für den Strammen Max der besonderen Art. Sehr appetitlich! Übrigens: Mit einem schlichten Toastbrot kann man sich einen Eierbackring auch selber basteln. Einfach ein Muster ins Brot schneiden, in die Pfanne legen und das Ei hineinschlagen. Der Phantasie sind keine Grenzen gesetzt. Als Abwandlung der »Montagsmaler« lädt diese Variante zum Spiel »Sonntagsbrater« ein. Was für eine ausgelassene Stimmung am Frühstückstisch, wenn alle mitraten, was die Mutti denn diesmal ins Brot geschnitzt hat! Hund, Katze, Maus oder doch die Mona Lisa?
Unverzichtbar für: die neue Kunstrichtung Art Des-Ei-gn

Eierkocher, der

Der Streit um den Weichheitsgrad des Eidotters ist eine jahrhundertealte Tradition. Für den Göttergatten von einst war die Schuldige schnell ausgemacht. Nämlich die minderbemittelte Ehefrau, die es noch nicht mal auf die Reihe kriegte, anständig ein Ei zu kochen. Also ersann er bereits Ende des 19. Jahrhunderts eine Maschine, die dieser simplen Aufgabe gewachsen war: den elektrischen Eierkocher. Mit einer Zeitschaltuhr versehenes Gerät zum exakten Eiergaren. Das Dumme war nur, dass der Erfinder des Eierkochers nicht gleichzeitig das Einheitsei entwickelte, das auf den Millimeter genau gleich groß war. Und angesichts der verschiedenen Eiergrößen schaffte es auch der Eierkocher nicht, jedes Mal den perfekten Dotterzustand herbeizuführen. Immerhin, die gescholtene Hausfrau war erleichtert, konnte sie doch jetzt mit freundlichem Lächeln sagen: »Die Maschine war's.« Seit sich Frauen aber von ihren Männern so ein dämliches Gequatsche sowieso nicht mehr bieten lassen, ist der Eierkocher etwas in Vergessenheit geraten und ein möglicher Anwärter für die *Rote Liste der vom Aussterben bedrohten Küchengeräte.*
Unverzichtbar für: Chauvinisten

Eierpikser, der

Ein im kochenden Wasser aufgeplatztes Ei sieht nicht schön aus. Die erstarrten Eiweißfäden schwimmen im Wasser wie Alienhaare und verderben ein kleines bisschen den Appetit. Hat man einen Eierpikser, kann das nicht passieren: Damit sticht man vor dem Kochen ein kleines Loch in die Unterseite der Scha-

le, so dass die Luft entweichen kann, die sich durch die Hitze ausdehnt. Das Ei kann nicht mehr platzen. Ohne Eierpikser dagegen bleibt einem nur die Hoffnung, dass es heil bleibt. Wer sein Ei liebt, der pikt!
Unverzichtbar für: Weicheier

Eierschalensollbruchstellenverursacher, der
Die Wissenschaft teilt die Masse der Frühstückseiesser in zwei Lager: die Klopfer und die Köpfer. Die Köpfer bevorzugen die Scharfrichtermethode: einmal mit dem Messer zielen und dann mit lockerem, aber kräftigem Schwung aus dem Handgelenk das Ei enthaupten. Die Klopfer dagegen pochen mit dem Löffel sanft auf die Schale und pulen sie dann in geduldiger Kleinstarbeit herunter, was bei gegenübersitzenden Anhängern der Scharfrichtermethode schon mal zu nervösen Attacken führen kann. Besonders, wenn nachher Schalenpartikel rund um den Teller und im Dotter zu finden sind, weswegen der Klopfer sich dann auch noch dauernd im Mund herumfummelt. (Es gibt noch eine dritte Fraktion, die Anhänger der Hohlkopfmethode, bei der das Ei an der eigenen Stirn aufgeschlagen wird. Da es sich aber um wenige Freaks handelt, ist ihre Bedeutung für den dialektischen Diskurs in Sachen Frühstücksei unbedeutend.) Köpfer und Klopfer sind in ihrer Mentalität so weit voneinander entfernt, dass es besonders bei verheirateten Exemplaren schon zu vielen unschönen Szenen am Frühstückstisch gekommen sein soll. Hier nun greift der Eierschalensollbruchstellenverursacher ein und bietet einen Ausweg aus der Misere. Das Gerät besteht aus einer Metallhaube,

die man auf das gekochte Ei setzt, und einer Art Antenne, an der ein Kugelgewicht hochgezogen wird. Lässt man es fallen, knallt das Gewicht auf den Miniatur-Stahlhelm, und mit einem Pock! knackt die Eierschale auf Höhe des Helmrands rundherum auf. Nun kann man mit dem Messer an der Bruchstelle das Ei durchschneiden und den Eierdeckel abheben. Diese Enthauptungsmethode ist sanfter und präziser als die Scharfrichtermethode, bei der viel von der persönlichen Zielgenauigkeit abhängt. So kann die kleine Spielerei vielleicht auch das zarte Gemüt des Klopfers überzeugen, endlich eine weniger nervtötende Art des Eieröffnens zu wählen.
Unverzichtbar für: Spielkinder mit viel Platz im Küchenschrank

Umbenennungsvorschläge

1. Eierschalensollbruchstellenverursacher: Eierknacker
2. Fleischzartmacher: Steaksimulant
3. Eisportionierer: Schlappmacher
4. Flotte Lotte: Grünzeug-Atomisierer
5. Bierrucksack: Mauerblümchens Best Friend oder Beliebt-Maker

Eierschere, die

Ein weiteres Gerät zum Eierköpfen. Es gibt sie als teures Vintagemodell in vergoldeter Huhnform. Verbreiteter aber ist folgende Edelstahlvariante: ein Metallring, in den kleine Messer eingefügt sind, die

beim Zusammendrücken der Scherengriffe die Eierschale durchstoßen. Nicht so spektakulär wie der Eierschalensollbruchstellenverursacher, aber auch schön. Und so retro, dass es schon wieder hip ist!
Unverzichtbar für: Eierschalensollbruchstellenverursacherverweigerer

Eierschneider, der

Völlig zu unrecht auf der *Roten Liste der vom Aussterben bedrohten Küchengeräte.* Zwar sind die Zeiten schon länger vorbei, in denen man dreiundfünfzig Eier in einheitlicher Symmetrie auf Cracker verteilte und mit Remouladekringeln verziert neben dem Käseigel drapierte. Dennoch ist das absolut kein Grund, den guten alten Eierschneider nun als ☞ *Mozzarellaschneider* zu relaunchen. Er hat noch lange nicht ausgedient! Im Gegenteil: Er ist heute unentbehrlicher denn je! Für die musikalische Früherziehung des modernen Kleinkinds, das so spielerisch sein erstes Saiteninstrument kennen- und lieben lernen kann. Und wenn die Industrie schon einen neuen Namen für den Eierschneider sucht, dann bitte: Die Eierharfe – Essen und Musizieren leicht gemacht.
Unverzichtbar für: Eltern, die sich keine Chance auf die Frühförderung ihrer Kinder entgehen lassen wollen

Eiertrenner, der

Wem es an Fingerspitzengefühl mangelt, um mit Eierschalen zu jonglieren, der kann auf diese Erfindung zurückgreifen. Den Eiertrenner gibt es in unterschiedlichsten Formen – aus Edelstahl, Kunst-

stoff oder Keramik. Die Funktionsweise ist bei allen gleich: Man schlägt das Ei in ein Auffangschälchen und durch Löcher fließt das Eiweiß ab, das Eigelb bleibt einsam zurück. Wenn es denn heil geblieben ist. Wenn nicht, kann man sich gleich ein schönes Rührei machen.
Unverzichtbar für: Biskuitliebhaber & Mayonnaisefreunde

Einhandmehlsieb, das

Ein unentbehrlicher Küchenhelfer! Mit einer Hand Mehl sieben, mit der anderen den Telefonhörer halten oder das Kind von der heißen Herdplatte wegreißen. Es gibt überhaupt viel zu wenige Einhandgeräte. Das Einhandnudelholz und das Einhandmehlsieb sind nicht genug! Für Frauen, die hundert Sachen gleichzeitig bewältigen oder dauernd ein quengelndes Kleinkind mit sich herumschleppen, müsste es noch viel mehr solcher Geräte geben: den Einhanddosenöffner, den Einhandkartoffelschäler und den Einhandwassertopffüller.
Unverzichtbar für: Multitasker

Einhandnudelholz, das

Siehe ☞ *Einhandmehlsieb.*

Einkochautomat, der

Die Untergrundbewegung der Einkocher ist in Deutschland zwar zahlenmäßig geschwächt, aber immer noch aktiv. Während die meisten Omas ihre Einkochautomaten in den Keller verbannt haben, ist er bei so manchem Hobbygärtner zum festen Be-

gleiter der Erntesaison geworden. Dabei muss man eines klarstellen: Der Einkochautomat kocht trotz seines überzeugenden Namens nicht selber ein. Er dient nur der Haltbarmachung. Das vorher zubereitete Zeug wird in Weck- oder Schraubgläser gefüllt und im Einkochautomaten noch mal für ein paar Stunden erhitzt, bevor man es für ein paar Jahre ins Kellerregal stellt. Ansonsten kann der Einkochautomat auch als Gulaschkanone dienen oder um eine Gallone Glühwein warm zu halten. Oft ist der Einkochautomat kombiniert mit einem Dampfentsafter, der aus Holunderbeeren und anderen Früchten Saft gewinnt. Dieser Vorgang wird meistens auf der Terrasse durchgeführt, weil es schnell mal zu Unfällen beziehungsweise zu Spritzern mit stark färbendem Saft kommen kann.
Unverzichtbar für: Menschen mit dem grünen Daumen

Eiscrusher, der

Gibt es elektrisch oder manuell. Ist ideal, wenn man sich über rücksichtslose Nachbarn ärgert. Hiermit kann man ganz einfach zurückschlagen! Denn die Geräte verursachen – egal ob mit Strom oder im Handbetrieb – einen Höllenlärm. Auch hilft der Eiscrusher aus, wenn Sie und Ihre Kumpels Unterhaltungen für überbewertet halten. Unangenehme Gesprächspausen werden einfach weggecrusht! Und dazu ein leckerer Drink – optimal!
Unverzichtbar für: mundfaule Caipi-Liebhaber

Eismaschine, die

Ein Topgerät! Wer sich im Sommer über Giovannis steigende Preise an der Eisdiele ärgert, macht es sich einfach selbst. Man muss nur Früchte mit Zucker und Sahne oder Milch verquirlen, und schon zaubert die Eismaschine daraus ein molto bene Eis! Allerdings nicht ganz spontan, denn man muss vorher den Kühlakku zwölf Stunden ins Eisfach legen. Da kann es glatt sein, dass das Azorenhoch schon wieder vorbeigezogen und die nächste Kaltfront im Anmarsch ist. Aber wer die Wetterkarte im Blick hat oder auch bei Graupelschauer einem Eis nicht abgeneigt ist, der sollte sich so eine Maschine zulegen. Und das Beste daran ist: Die Reste des selbstgemachten Eises kann man nicht einfrieren, denn dann werden sie zum steinharten Block. Um das zu verhindern, muss man also immer die ganze Schüssel leer essen. Buon appetito!

Unverzichtbar für: Partner mit der kalten Schnauze

Eisportionierer, der

Der Eisportionierer besteht aus einem Stiel und einer etwa tischtennisballgroßen Löffelschale in Halbkugelform. Es gibt ihn in vielfältigsten Variationen, mit Auswurfhebel oder ohne. Mit dem Eisportionierer soll man – wie der Name schon sagt – Eis portionieren können. So einfach das klingt, so kompliziert ist die Umsetzung. Bei manchen Eisportionierern muss das Eis einen bestimmten Weichheitsgrad erreichen, andere muss man dauernd in heißes Wasser tunken, wieder andere rollen partout keine Kugel oder geben das Eis anschließend nicht mehr her. Es

bedarf schon einiger Beharrlichkeit und einer hohen Frustrationstoleranz, um sich mit einem Eisportionierer anzufreunden. Wegen der eingeschränkten Funktionalität ist der Eisportionierer in den meisten Fällen ein ☞ *Schubladenverstopfer*. Kein Wunder, dass der waschechte Italiener auf solche Geräte verzichtet und das Gelato lieber mit dem Spachtel in die Waffel füllt.
Unverzichtbar für: Optimisten

Eiswürfelformen, die

Mit den ungezählten Eiswürfelformen wird aus einem schnöden Eiswürfel ein Event! Nur Wasser einfüllen, ins Eisfach stellen und warten, bis es zu Ananas, Herzen, Erdbeeren oder Fischgerippen gefriert. Natürlich darf hierbei auch der obligatorische Penis nicht fehlen. Getoppt wird aber das eisige Geschlechtsorgan noch durch die Form »Frozen Smile«. Sein Grinsen gefriert dem Gast unweigerlich, wenn er in seinem Glas Omas Gebiss in Eisform findet. Was für ein Spaß! So kann man auch einem zwölf Jahre alten Single Malt endlich mal ein bisschen Pep verleihen.
Unverzichtbar für: Scherzkekse

Eiswürfelmaschine, die

Nicht jeder hat einen amerikanischen Kühlschrank im XXL-Format mit allem möglichen Schnickschnack wie einer Eiswürfelzapfanlage in der Küche. Doch zum Glück gibt es diese Geräte auch in mobiler Form für jedermann. Sie kosten ab hundert Euro aufwärts und machen Eiswürfel. Allerdings nicht in Pe-

nis- oder in Gebissform (siehe ☞ *Eiswürfelformen*). Dennoch sind Cocktailliebhaber von der Möglichkeit begeistert, schnell Eiswürfel herstellen zu können. Und diese ebenso schnell zu verbrauchen, denn sonst sind sie in null Komma nix geschmolzen.
Unverzichtbar für: Trinkfeste

Elektromesser, das

Ritsche ratsche, mit viel Tücke in den Braten eine Lücke. Aber mehr auch nicht. Viele Elektromesser funktionieren einfach nicht so wie gewünscht und haben nur noch Asyl, weil man sie schon so lange besitzt. Dabei führt das Elektromesser unerkannt ein geheimes Doppelleben: und zwar in der Welt der Werkzeuge. Nicht wenige Elektromesserbesitzer schwören darauf, dass es zum Teppichschneiden ideal ist. Und zum Styroporzerkleinern.
Unverzichtbar für: die Wohnungsrenovierung

Entenpresse, die

Die Entenpresse ist ein Entsafter für Gerippe vom Federvieh. Kein Witz. Hat man die gebratene Ente auch noch so fachmännisch tranchiert, bleiben doch Fleischfetzen an den Knochen zurück. Um die nicht zu verschwenden, wird die Karkasse in die Entenpresse gestellt und mittels einer Spindelpresse so lange gequetscht, bis auch der letzte Rest Saft aus dem Flattermann geflossen ist. Die Franzosen benutzen die Presse zum Beispiel für das leckere Gericht »Blutente«. Dafür wird das arme Vieh durch Ersticken getötet, damit das Blut im Körper bleibt. Dann wird die Ente kurz gebraten und zerlegt und der halbrohe

Rest in der Entenpresse ausgewrungen. Aus dem Blut wird dann ein Sößchen gezaubert. Mmmh ... lecker! Wem das nicht ganz behagt (abgesehen davon, dass diese Schlachtmethode in Deutschland verboten ist), der kann die Entenpresse aber auch für Hummer verwenden.

Unverzichtbar für: Feinschmecker mit rustikalem Naturell

Entsafter, der

Siehe ☞ *Saftpresse*

Espuma-Sprayer, der

Nachdem der spanische Koch Ferran Adrià die Espuma in seinem Restaurant elBulli berühmt gemacht hat, vergeht kein perfektes Dinner, ohne dass der Gastgeber schäumt. Espuma ist nämlich spanisch und heißt Schaum. Unter Espuma versteht man also eine flüssige Speise, die mittels Lachgas in einem ☞ *Sahnesiphon* aufgeschäumt wird und danach eine mousseartige Konsistenz bekommt. Da die Industrie dem Fortschritt ja immer an den Hacken hängt, war klar, dass es nicht lange dauern konnte, bis sie extra Espuma-Sprayer auf den Markt wirft, die zwar wie ein Sahnesiphon funktionieren, aber natürlich viel zeitgeistiger sind. So kann man jetzt dem Latte Macchiato von der Wasserkastanie ein Hummer-Espuma-Häubchen aufsetzen. Ein Traum!

Unverzichtbar für: Innovationsjäger

Essigsprayer, der

Siehe ☞ *Ölsprayer*

Essstäbchen, die

Essstäbchen sehen aus wie stämmige Stricknadeln und sind das beliebteste Besteck in weiten Teilen Asiens. Erfunden wurden sie in China. Da man aber das Chopsuey hierzulande lieber mit der Gabel schaufelt, sind die Essstäbchen in Deutschland erst mit der Sushi-Welle richtig heimisch geworden. Es gibt sie in verschiedensten Farben und Materialien, mit Schnitzereien oder ohne, aus lackiertem Holz, Metall, Plastik, Edelstahl, Silber oder gar aus Jade oder Elfenbein. Am weitesten verbreitet sind allerdings die Einwegteile aus splitterndem Bambus. Very stylish, wenn man damit sein Maguro Nigiri heil in die Sojasoße tunken und dann auch noch in den Mund befördern kann, ohne dass sich die Reiskörner unschön auf dem Weg verabschieden. Klappt aber nicht oft. Wegen des fehlenden Schaufelcharakters lehnt der Ottonormalverfresser die Essstäbchen denn auch ab. Aber wie sagt Laotse so schön: »Auch der längste Marsch beginnt mit einem ersten Schritt.« Deswegen ein frisches »Ommm« gesummt, und schon kann es losgehen mit dem Üben. Und wer von der filigranen Fummelei genug hat, kann die Stäbchen immer noch für ein munteres Schlagzeugsolo benutzen.

Unverzichtbar für: das Dirigieren des Sonntagskonzerts

Fadenschneider, der

Siehe ☞ *Zestenreißer*

Faschiermaschine, die

Siehe ☞ *Fleischwolf*

Finger-Hitzeschutz, der

Endlich ein Grund, den selbstgehäkelten Topflappen aus der Küche zu verbannen! Der Finger-Hitzeschutz ist ein biegsames Silikonkissen, mit dem man heiße Teller und Auflaufformen greifen können soll. Richtig zupacken kann man damit aber nicht, dafür ist er viel zu klein – und die Gefahr, sich zu verbrennen, groß. Mit dem Topflappen passiert das zwar nicht. Aber der ist ja so was von out!

Unverzichtbar für: die Schmerz-Résistance

Fischentschupper, der

Der Fischentschupper dient dem Entschuppen von Fischen. Denn der Fisch in seiner Gänze hat im Allgemeinen immer Schuppen. Da die selbst mit Antischuppenshampoo nicht abgehen, braucht man ein Gerät, um das zu tun. Es gibt Fischentschupper in vielen Variationen, aus Messing, Edelstahl oder Kunststoff. Sparfüchse behelfen sich mit einem Sägemesser oder nageln Kronkorken auf ein Brettchen. Und ganz Clevere kaufen sich Filet. Denn das Fischentschuppen ist nicht nur mühselig, es ist auch eine große Sauerei, weil die Schuppen umherfliegen wie das Konfetti aus einer Kanone.

Unverzichtbar für: Fischers Fritze

Fischgrätenpinzette, die

Siehe ☞ *Grätenzange*

Fischmesser, das

Wenn man heutzutage zur Forelle blau kein spezielles Fischmesser mehr gereicht bekommt, dann ist das kein Grund, die Stilpolizei zu rufen. Denn das stumpfe Fischmesser wurde früher vor allem deswegen gereicht, weil die normalen Stahlmesser sich bei der Berührung mit dem Fisch verfärbten und einen fiesen Geschmack übertrugen. Das passiert bei den rostfreien Edelstahlklingen von heute nicht mehr. Deswegen ist das Fischmesser ein Anwärter auf die *Rote Liste der vom Aussterben bedrohten Küchengeräte.* Wird nur noch wegen der guten alten Tradition verwendet. Es gibt aber schon einen neuen Trend, dem alle hippen Hobbyköche folgen sollten: ☞ *Gourmetlöffel* statt Fischmesser.

Unverzichtbar für: die Hotelfachschule

Flambierbrenner, der

Siehe ☞ *Bunsenbrenner*

Fleischhammer, der

Der Fleischhammer ist ein Hammer mit einer geriffelten und einer glatten Seite. Dieses Gerät dient dazu, zähe Fleischbrocken weichzuklopfen. Man nennt das auch »mürbe machen«. Die Bindegewebsstränge werden zerstört, und man kaut nach dem Braten nicht auf einer Schuhsohle herum. Wer also bei der Fleischqualität sparen will, kauft sich einfach einen Fleischhammer. Kraftvoll zuschlagen, statt kraftvoll zubeißen!

Unverzichtbar für: die Generation Kukident

Fleischklopfer, der

Eine flache, schwere Metallscheibe an einem Griff, um Fleischstücke plattzuklopfen. Diese Tätigkeit verfolgt

zwei Ziele: erstens, das Fleisch zarter zu machen, und zweitens, es anschließend besser zu Rouladen und dergleichen verarbeiten zu können. Es soll Köche geben, die das Fleisch auch mit einer Pfanne bearbeiten, um es in die gewünschte Größe zu bringen. Vielleicht könnte auch der Brockhaus dazu dienen oder ein anderes Nachschlagewerk. Wem das aber zu unhandlich ist, plattiert sein Schnitzel mit dem Fleischklopfer.
Unverzichtbar für: Wiener

Fleischkloßformer, der

Der Wunsch nach der Beherrschung des Hackepeters ist so alt wie der Traum vom funktionierenden Sozialismus. Aber mit den Händen ist es nicht einfach, der schlüpfrig-matschigen Masse eine ansprechende Gestalt zu geben. Da gibt es schnell mal gute Klopse und schlechte Klopse. Aber dem Frikadellen-Freund kann geholfen werden: mit dem Fleischkloßformer! Sieht aus wie eine Kombination aus Schere und Eisportionierer, mit der man aus dem Hackfleisch gleichmäßige Klößchen formen kann. Ist wirklich ein unentbehrliches Gerät, steht es doch der Amerikanisierung der Frikadelle entgegen. Denn wenn es einen ☞ *Hamburgerformer* gibt, der die Frikadelle plattdrückt, muss auch die gute alte europäische Kugelform überleben. Ist total easy. Fleischkloßformer einfach in Wasser tauchen, Hackmasse einfangen, Griffe zusammendrücken und Fleischkloß rausklopfen. Ja, feste! Dann klappt es auch. Gut, geschafft. Ist ein bisschen Fleisch hängengeblieben? Egal, einfach rauskratzen. Prima, jetzt nur noch einmal mit der Hand nachrollen und ab in die Pfanne damit.

Unverzichtbar für: alle, die Fingerfarben und Sandkuchenbacken schon als Kinder gehasst haben

Fleischwolf, der

In Österreich auch Faschiermaschine genannt. Zunächst ein kleiner Exkurs: Die Wurst gibt es so lange wie den Wunsch des Metzgers, alles halbwegs Essbare des Schlachtviehs zu verwursten. Schon der alte Homer wusste von Kämpfen zu berichten, bei denen es nicht nur sprichwörtlich um die Wurst ging: Der Sieger zog mit der leckersten Fleischstange von dannen. Auch die alten Ägypter, Chinesen und Römer liebten Wurst. Damals musste das Fleisch allerdings noch umständlich mit dem Messer oder im Mörser zerkleinert werden. Einfacher geht es seit Erfindung des Fleischwolfs: In einen Trichter gibt man die Fleischstücke, die mittels Förderschnecke zu einer Messerscheibe geleitet werden, wo sie kurz und klein geschnitten werden. Die Masse tritt dann durch eine Lochscheibe wieder aus. Mit einem entsprechenden Vorsatz kann man das Hackfleisch gleich in einen schönen Naturdarm füllen. Es soll auch Menschen geben, die den Fleischwolf für Plätzchenteig benutzen. Auch hierfür gibt es entsprechendes Zubehör, mit dem das Spritzgebäck direkt auf das Backblech gepresst werden kann. Aber vielleicht ist das auch nur eine Episode aus dem Märchen »Rotkäppchen und der Fleischwolf«.
Unverzichtbar für: Hackfleischverordnungshüter

Fleischzartmacher, der

Hier ist der Name Programm. Mit dem Fleischzartmacher macht man Fleisch zart, indem man die Fleischfasern zerstört. Anders als die Schlägermethode des ☞ *Fleischklopfers* oder ☞ *Fleischhammers* wird jedoch hierbei das Fleisch nicht durch stumpfe Gewalteinwirkung plattgemacht, sondern mittels mehrerer kleiner Klingen perforiert. Ideal für minderwertige Fleischbatzen, denen man die letzte Ehre erweisen möchte, indem man sie als Steak anbietet.

Unverzichtbar für: Discounter-Fleisch

Flockenquetsche, die

Auch genannt Kornquetsche, Getreidequetsche, Getreideflocker oder Flocker. Ideologisch artverwandt mit der ☞ *Getreidemühle.*

Mit diesem Gerät kann man im Handbetrieb oder elektrisch aus Getreide wie Hafer, Roggen und Dinkel selber Flocken herstellen. Die sind natürlich viel gesünder als die industriell gefertigten. Das macht das morgendliche Müsli gleich doppelt wertvoll. Und spaßig ist es auch! Am vorbereitenden Einweichen von Getreide haben Kinder ihre helle Freude. Und am Kurbeln erst! Es dauert nicht lange, da kloppen sich alle darum, wer denn heute die Körner quetschen darf! So wird dieses Küchengerät schnell zum gleichberechtigten Familienmitglied. Das Ziel der richtigen Wertevermittlung ist erreicht, wenn die Kinder das schöne Spiel »Mutter, Vater, Flockenquetsche« spielen. So kann man auf jeder Versammlung pädagogisch engagierter Eltern punkten!

Unverzichtbar für: Menschen, die Dr. Pröll, Dr. Bruker und Dr. Schnitzer nicht für Fernsehärzte halten

Flocker, der

Siehe ☞ *Flockenquetsche*

Flötenkessel, der

Siehe ☞ *Pfeifkessel*

Flotte Lotte, die

Die Flotte Lotte hat trotz ihrer Namensverwandtschaft mit dem Flotten Otto nichts mit Verdauungsbeschwerden zu tun. Sie ist ein Küchengerät zum Passieren von gekochten Früchten und Gemüse. Deswegen wird sie auch Passiermühle, Passiergerät oder Gemüsemühle genannt. Flotte Lotte ist nur der Name einer Passiermühle der Firma Gefu, den sich irgendein Mitarbeiter vor gut sechzig Jahren aus dem Hirn gewrungen hat und der sich als Synonym für diese Art Küchengerät durchgesetzt hat. Sie sieht aus wie eine Kasserolle mit durchlöchertem Boden und einer Kurbelwelle darüber. Mit der Flotten Lotte trennt man also flüssige von festen Bestandteilen, indem man die Kurbel dreht und das Mus durch ein feines Sieb drückt. Kann man für Marmelade, Brei, Suppen, Soßen und andere kauarme Kost verwenden.
Unverzichtbar für: Schnellschlucker

Folienschweißgerät, das

Das Folienschweißgerät ist einfach super: In einem Beutel werden Lebensmittel vakuumiert, anschließend wird er zugeschweißt. So sind Lebensmittel viel

länger haltbar. Zum Beispiel ein Huhn: Legt man es in einem normalen Gefrierbeutel in die Tiefkühltruhe, dann ist es schon nach einem Jahr hinüber. Mit dem Folienschweißgerät aber kann man es glatt drei Jahre aufbewahren. *So* macht Vorratshaltung Sinn. Da kann man den Speiseplan schon Jahre im Voraus machen! Jedenfalls dann, wenn das Vakuum hält, was es verspricht. Denn es gibt Geräte, die die Luft auch nicht besser aus dem Beutel saugen als eine normale Hausfrauenlunge, und die zudem Probleme mit dem Verschweißen haben. Aber wenn es einmal klappt, dann ist das Folienschweißgerät nahezu unersetzlich!
Unverzichtbar für: Freunde der Planwirtschaft

Fondue-Set, das

Eine Art Kalenderersatz. Denn wenn man das Fondue-Set aus dem Keller holt, weiß man, dass schon wieder ein Jahr vergangen ist. Ob Käse- oder Fleischfondue ist eigentlich egal: Beides macht nur Spaß in geselliger Runde. Das Fondue-Set galt einst als Must-Have und wurde gern Brautpaaren aufgenötigt. Seine Vormachtstellung als Silvesterspaßgerät Nummer eins geriet aber ins Wanken durch die Verbreitung der ☞ *Raclette-Öfen* und wird immer weiter attackiert durch modischen Schnick-Schnack wie den ☞ *Pizzadom*. Dabei geht nichts über ein Käsefondue, wenn man mal wieder richtig spachteln will. Und das Beste daran ist, dass man quasi aus Tradition zum Schnapstrinken gezwungen ist: Denn ohne eine Flasche Kirschwasser läuft dabei gar nichts.
Unverzichtbar für: das Heraufbeschwören der guten alten Zeit

Förtchenpfanne, die

Siehe ☞ *Dalkenpfanne*

Friteuse, die

Seit es Backofenpommes gibt, hat die Friteuse an Bedeutung verloren. Dabei könnte sie mit abnehmenden Rohölreserven eine Renaissance erleben. Findige Autotüftler rüsten nämlich ihre Karre so um, dass sie mit Frittenfett fahren kann. Wer also dafür sorgen möchte, dass die Urwälder in Indonesien und Brasilien nicht weiter für Palmölanlagen draufgehen, der kaufe sich eine Friteuse. Fritten, Frühlingsrollen und Fisch – eigentlich lässt sich ja alles frittieren. Natürlich nur zum Wohle der Umwelt.

Unverzichtbar für: Kalorienzählgegner

Berühmte letzte Worte:

»Die Friteuse brennt – schnell einen Eimer Wasser!«

Fruchtlöffel, der

Für Kiwis und Melonen angepriesen wird der Fruchtlöffel. Nicht zu verwechseln mit dem ☞ *Grapefruitlöffel*, der zwar nach dem selben Prinzip funktioniert (geschärfte Löffelkanten zum leichteren Schneiden), aber natürlich nur für Grapefruits zu gebrauchen ist. Was für ein Glück, dass man auch ein spezielles Werkzeug für Kiwis und Melonen erwerben kann!

Unverzichtbar für: den Obsttag

Die rote Friteuse

Ich erinnere mich an unsere Friteuse, die meine Eltern Ende der 1970er kauften. Sie war rot. Mit schwarzem Deckel. Und da ich Fritten liebte, liebte ich auch sie. Meine Eltern kauften ganze Blöcke weißen harten Frittierfetts, und ein großer Bestandteil der Faszination dieses Küchengerätes war, dem Schmelzen des Fettes zuzuschauen. Langsam wurde der weiße Block immer kleiner und verschwand schließlich in dem blubbernden Ölsee. Jetzt war es an der Zeit, die Pommes, die ich mit dem stumpfen ☞ *Pommesschneider* unter Aufbietung all meiner Kräfte aus Kartoffeln geschnitzt hatte, in das Drahtsieb zu geben. Und dann kam der große Moment des Versenkens. Ich drückte den Hebel herunter und ließ die Kartoffelstäbe ins heiße Ölbad gleiten, wo sie ihre Metamorphose vom einfachen Gemüsestück zur knusprigen Leckerei vollziehen sollten. Es war mir egal, dass es trotz des angeblichen Geruchsfilters durch den Deckel stank wie die Pest. Und ich nahm es auch noch hin, dass alles viel länger dauerte als in der Frittenbude. Aber dass es nie so schmeckte wie die Pommes, die man am Imbissstand bekam, das machte mich sehr traurig. Meine Leidenschaft für die selbstgemachten Fritten erkaltete mit dem Fett, das zu einer weißen Fläche erstarrte. Weil es ja viel zu schade gewesen wäre, das Fett nach nur einer Benutzung zu entsorgen, ließen wir es drin, wenn wir die Friteuse wieder in den Keller brachten. Da war es praktisch, dass es wieder fest geworden war. Ein bisschen unheimlich sahen nur die darin eingeschlossenen verkohlten Kartoffelsplitter aus, die wie urzeitliche Fossilien aus dem weißen Fettblock ragten. Aber wenn wir nach wenigen Wochen vergessen hatten, dass die Pommes eigentlich gar nicht so lecker waren, holten wir die Friteuse wieder hervor. Und schauten wieder mit der gleichen Begeisterung der Gletscherschmelze zu. Und wenn die schwarzen Überreste der letzten Mahlzeit erst wieder auf den Grund des dickflüssigen Sees gesunken waren, machten sie mir auch nichts mehr aus. Und wieder ging es los mit dem Versenken der Fritten und der Hoffnung, dass es diesmal aber wirklich so schmecken würde wie an der Pommesbude …

Funk-Grillthermometer (digital), das

Das digitale Funk-Grillthermometer behauptet einen Spitzenplatz in der Welt der hypermodernen Hightech-Küchengeräte. Ein Temperaturfühler im Grill sendet die aktuellen Temperaturwerte des Fleisches auf ein mobiles Display. Der Grillmeister kann also seinen Platz an der Feuerstelle verlassen und auf der Terrasse mit den Gästen plaudern. Theoretisch. Denn rein praktisch ist nicht damit zu rechnen, dass der Grillmeister auch nur eine Sekunde das Display aus den Augen lässt, während er seinen Kumpels sämtliche Funktionen erklärt. Außerdem hat selbst

das Funk-Grillthermometer seine Grenzen: Denn es fehlt eine Videokamera, die den Bräunungszustand der Würstchen filmt und beim Erreichen einer bestimmten Röststufe Alarm aussendet. Oder eine Funktion, die von allein Bier zum Löschen auf auflodernde Flammen schüttet. Aber um die Wichtigkeit des Grillmeisters zu unterstreichen, darf ein Funk-Grillthermometer auf keinem Barbecue fehlen!
Unverzichtbar für: Nerds, denen Grillen bislang zu rustikal war

Übrigens:

Das gefährlichste Küchengerät ist der Holzkohlegrill – bis zu viertausend Grillunfälle gibt es laut der Aktion »Das sichere Haus« jedes Jahr.

Der Dampfgarer

Ein Drama in drei Akten

AUFBLENDE:

AKT 1

Szene 1: Gute Vorsätze

Außen – Fußgängerzone – Tag

FRAUKE, 43 Jahre, eine patente Frau mit dunkelblonder Kurzhaarfrisur und weit geschnittener roter Jacke, kommt mit großen Schritten aus dem Hobbykochladen. Sie strahlt über das ganze Gesicht. In der einen Hand hält sie eine große Plastiktüte, mit der anderen zückt sie ihr Handy und wählt eine Nummer.

FRAUKE

(*triumphierend*)

Hallo Sabine, ich weiß jetzt endlich, wie ich die drei Kilo vom Mallorca-Urlaub loswerde!

...

Nein, dieses Jahr waren wir auf Kreta.

...

(seufzt)

Ich weiß. Aber die zwei Kilo von Kreta nehme ich ganz einfach auch mit ab.

...

(*begeistert*)

Tatatataa! Ich habe einen Dampfgarer gekauft!

...

Einen Dampfgarer.

…

Das ist ein Elektrogerät, in dem alle Lebensmittel in Wasserdampf gegart werden. Man braucht überhaupt kein Fett mehr zum Kochen!

…

Ja, natürlich schmeckt es trotzdem.

…

Ich weiß, dass man auch im Topf dämpfen kann, aber der Dampfgarer ist viel praktischer. Und er sieht todschick aus!

AKT 2

Szene 2: Der Teufel ist ein Eichhörnchen

Innen – Küche – Tag

Frauke steht inmitten von Kartonstücken, Plastikfolien und Geräteteilen in ihrer Küche, liest in der Gebrauchsanweisung und versucht, drei gelöcherte Schüsseln in der richtigen Reihenfolge auf das Unterteil des Dampfgarers zu stapeln.

FRAUKE

(*murmelt*)

Das muss doch zuerst hier drauf und dann das darüber. Oder so rum?

LISA

(brüllt aus dem OFF)

Mama, wann gibt es endlich Essen?

FRAUKE

(brüllt zurück)

Gleich!

LISA

(*aus dem OFF*)

Das hast du schon vor einer Stunde gesagt.

Frauke füllt Brokkoli und Möhren in die durchlöcherten Plastikschüsseln, platziert sie auf dem Dampfgarer und schaltet ihn ein. Kurz darauf steht sie in einer Wolke aus Wasserdampf.

LISA (*aus dem OFF*)

Papa, geh besser nicht da rein. Mama sprengt wieder die Küche in die Luft.

UDO, *45 Jahre, hohe Stirn, Brille, ein Bäuchlein zeichnet sich unter seinem Hemd ab, kommt in die Küche. In dem Nebel ist er kaum zu erkennen. Er bleibt am Rand der Arbeitsplatte stehen und hebt abwehrend die Hände.*

UDO

Was ist das denn jetzt schon wieder?

FRAUKE

(*sehr fröhlich*)

Ein Dampfgarer. Es besteht überhaupt keine Gefahr.

UDO

(*skeptisch*)

Das hast du letztes Mal auch behauptet.

FRAUKE

Aber das hier ist kein Schnellkochtopf. Die Bedienung ist kinderleicht!

Sie macht den Deckel auf und verbrüht sich am Wasserdampf.

FRAUKE

Aua! Und das Essen wird viel vitaminreicher und gesünder als sonst.

UDO

(*grimmig*)
Wenn's denn sein muss.

<u>Szene 3: Es schmeckt ja so gesund!</u>

Innen – Esszimmer – Abend

Udo, Frauke und LISA, 11 Jahre, blonder Pferdeschwanz und Tokio Hotel-T-Shirt, sitzen am Tisch, jeder mit einem Teller vor sich. Udo pikt mit seiner Gabel in etwas Undefinierbares neben dem Brokkoli.

UDO

Und was soll das hier sein?

FRAUKE

Das ist Lachs.

UDO

Und wieso ist der so grau?

FRAUKE
(*fröhlich*)
Stell dir vor, er ist ganz ohne Öl gemacht!

LISA
(*schiebt ihn angewidert zur Seite*)
Der sieht aus wie die Fußmatte von Oma.

UDO
Und der Brokkoli ist total verkocht.

FRAUKE
(*sehr fröhlich*)
Aber dafür sind die Möhren schön knackig.

Udo isst krachend eine Möhre und verzieht das Gesicht. Er steht auf und geht in die Küche.

LISA
(*ruft ihm hinterher*)
Bringst du das Ketchup mit?

Frauke schaut sie pikiert an, verkneift sich aber eine Bemerkung. Udo kommt wieder und bringt Ketchup, Butter und Salz mit. Frauke beobachtet mit versteinerter Miene, wie Lisa ihr Essen im Ketchup ertränkt und Udo sich einen dicken Klecks Butter auf sein Gemüse streicht und es anschließend stark salzt.

UDO
(*reicht Frauke die Butter*)
Willst du auch?

Frauke zögert.

AKT 3

Szene 4: Die Hoffnung stirbt zuletzt

Innen – Hausflur – Tag

Frauke öffnet die Tür, und SABINE, 39 Jahre, dunkelbrauner Pagenkopf, modisch gekleidet, kommt herein.

SABINE

Und, wie viel hast du schon runter?

FRAUKE

(*verlegen*)

Ich weiß nicht genau, ich war heute noch nicht auf der Waage.

Frauke und Sabine gehen in die Küche.

SABINE

Dann zeig mir mal die Wundermaschine.

FRAUKE

Ach, ein anderes Mal, ich hab sie gerade in den Keller geräumt.

Frauke fängt an, mit ihrer riesigen Espressomaschine zu hantieren.

SABINE

Ist das nicht umständlich, wenn du den Dampfgarer jeden Tag hoch holen musst?

FRAUKE

Schon, aber hier oben habe ich keinen Platz dafür. Und du weißt ja, wie Männer so sind. Udo mag halt lieber Gebratenes. Aber Spargel soll im Dampfgarer besonders gut werden! Sobald die Spargelsaison beginnt, werde ich ihn jeden Tag benutzen.

SABINE

Das ist doch erst in vier Monaten.

FRAUKE

(triumphierend)

Ist doch egal. Denn ich weiß jetzt, was ich wirklich brauche. Du weißt doch, dass es unmöglich ist, fünf Mal am Tag Obst und Gemüse zu essen?

Sabine nickt.

FRAUKE

Und mir ist jetzt auch klargeworden, warum. Mir fehlt nämlich nur eine einzige Sache.

SABINE

Durchhaltevermögen?

FRAUKE

Nein. Natürlich nicht. Mir fehlt ein Entsafter.

SABINE

Ein Entsafter?

FRAUKE

Klar! Mit einem Entsafter schafft man locker fünf Portionen Obst und Gemüse am Tag. Wenn nicht sogar mehr! Man trinkt es einfach als Saft!

SABINE

Und du meinst, das funktioniert?

FRAUKE

Sicher! Nichts leichter als das. Und Saft mag jeder. Oder kennst du etwa einen, der keinen Saft mag?

SABINE

Nein, eigentlich …

FRAUKE

Na, siehste! Und genau deswegen hab ich mir den Entsafter bestellt!

Fortsetzung folgt …

UNVERZICHTBARE ÜBERFLÜSSIGE KÜCHENGERÄTE G–K

Gebäckpresse, Gemüsehobel, Gemüsemühle, Gemüsespitzer, George-Foreman-Grill, Geschirrwärmer, Getränkerucksack, Getreideflocker, Getreidemühle, Getreidequetsche, Girolle, Glosche, Gourmetlöffel, Grapefruitlöffel, Grapefruitmesser, Grätenzange, Grillzange, Gurkenzange, Gyrosgrill, Halogenofen (tragbar), Hamburgerformer, Heißer Stein, Herzkuchenform, Herzpfanne, Honiglöffel, Hot-Dog-Maker, Hummergabel, Hummerzange, Jamonera, Joghurtmaschine, Julienneschäler, Kaffeemühle, Kaffeeportionierer, Kakaostreuer, Kanneliermesser, Kannenwärmer, Kapselheber, Kartoffelspirale, Käsebeil, Käseharfe, Käsehobel, Käsehobel für Tête de Moine, Käsemesser, Käsemühle, Käsereibe, Kaviarlöffel, Keimbox, Keimgerät, Kelly Kettle, Kekspresse, Kirschentkerner, Kloßpresse, Knethandschuhe, Knoblauchschäler, Kochbuchständer, Kochlöffelständer, Kokosnuss-Schaber, Kokotte, Kornquetsche,Krapfenpfanne, Kräutermühle, Kräuterroller, Kräuterzerkleinerer, Krebsmesser,Küchengarn,Küchen-Minna, Küchenreibe, Kuchenretter, Kuchenschneidehilfe, Kugelausstecher, Kühlschrank-Alarm, Kühlschrank-Luftreiniger

Gebäckpresse, die

Auch genannt Kekspresse. Gerade in der stressigen Vorweihnachtszeit unentbehrlich. Statt sich über die hibbeligen Kinder, die powershoppende Ehefrau oder den weihnachtsrummelüberdrüssigen Ehemann zu ärgern, kann man stattdessen beim Plätzchenbacken mit der Gebäckpresse seine ganze Wut auf ein emotionsloses Gerät fokussieren! Der Teig wird in einen rohrförmigen Behälter gestopft und mittels eines Schiebers durch einen durchlöcherten Aufsatz zu einem formschönen Keks gepresst. Theoretisch. Praktisch ist es eher so, dass der Teig sich entweder gar nicht pressen lässt, weil er zu fest ist, oder er flutscht wie von selbst heraus. Im zweiten Fall hat man für etwa zehn Sekunden Freude am schön geformten Keks, dann verabschieden sich die Konturen langsam, und spätestens, wenn man das Backblech aus dem Ofen herausholt, sieht der Keks aus wie mit dem Teelöffel hingerotzt. Auch ein schöner Anlass für den Aggressionsabbau bietet sich, wenn der Teig sich zwar herauspressen lässt, sich dann aber partout nicht von der Gebäckpresse trennen möchte und man ihn umständlich mit der Hand abstreifen muss. Da kann man genüsslich schimpfen wie ein Rohrspatz, ohne dass sich ein Familienmitglied auf den Schlips getreten fühlt! Ein Geschenk Gottes!
Unverzichtbar für: den gerade hängenden Haussegen

Gemüsehobel, der

Siehe ☞ *Mandoline*

Gemüsemühle, die

Siehe ☞ *Flotte Lotte*

Gemüsespitzer, der

Mit Messer und Meißel aus einem Kürbis einen Kranich zu schnitzen ist eher was für Fortgeschrittene. Der Gemüsespitzer dagegen ist so leicht zu bedienen wie ein Einfaltspinsel. Sieht fast aus wie ein normaler Anspitzer, nur etwas größer und mit Griff. Das stangenförmige Gemüse wird hineingesteckt, gedreht und – schwuppdiwupp! – erblüht aus der Gurke ein zartes Röschen.

Unverzichtbar für: angewandte Gemüsekunst

George-Foreman-Grill, der

Da hat der gute alte George nach seiner Karriere als Profiboxer noch mal einen echten Treffer gelandet: mit dem nach ihm benannten Grill. Oder besser gesagt: der nach ihm benannten Kollektion von unzähligen Grills. Da gibt es Champ-Grills (klein), Family-Size-Teile (mittelgroß) und Jumbogeräte, Indoor- und Outdoor-Grills und weiteres Gedöns, das nur ein Ziel hat: das Fett aus dem Essen zu brutzeln. Das passiert, weil die antihaftbeschichteten Heizplatten Rillen haben, durch die das Fett in einen Auffangbehälter fließt. Miesepeter können behaupten, dass das Grillgut bretthart wird und auch nicht schmeckt, trotzdem hat Georgieboy schon hundert Millionen dieser Teile verhökert, weil alle Welt auf Diät ist.

Unverzichtbar für: Leute, für die Grillen nicht zwangsläufig was mit Holzkohle zu tun haben muss

Geschirrwärmer, der
Siehe ☞ *Tellerwärmer*

Getränkerucksack, der

Siehe auch ☞ *Bierrucksack.* Ein Flüssigkeitsbehälter samt Zapfanlage zum Auf-den-Rücken-Schnallen. Gibt es in verschiedenen Größen, von drei bis zwanzig Liter. Auch mit Thermoisolierung für Heißgetränke. Super praktisch! Wem die ganzen Coffee-to-Go-Plastikbecher auf die Nerven gehen und wer außerdem die Hände frei haben will, um sich in der Bahn festzuhalten, der füllt seinen morgendlichen Kaffee in den Getränkerucksack und schlürft auf dem Weg ins Büro genüsslich aus dem Schlauch. Achten Sie mal auf die neidischen Blicke Ihrer Mitreisenden! Und die Trinkmenge reicht locker für einen ganzen Bürotag – da müssen Sie auch in der Konferenz nicht wie die bedauernswerten Kollegen die viel zu starke Brühe trinken, die die Sekretärin vom Chef immer macht. Ihre Laune ist top – und so sind Sie motivierter denn je! Die nächste Beförderung haben Sie so gut wie im Sack!

Unverzichtbar für: autonomiebestrebte Individualisten mit großen Karriereplänen

Getreideflocker, der
Siehe ☞ *Flockenquetsche*

Getreidemühle, die

Frischkornbrei und selbstgebackenes Brot sind bei der Anschaffung einer Getreidemühle zweitrangige Motive. Denn eine Getreidemühle ist nicht einfach

ein Küchengerät. Eine Getreidemühle ist ein politisches Statement: gegen die Konsumgesellschaft, gegen weite Transportwege und Globalisierung, gegen Klimawandel und mit ein bisschen gutem Willen auch gegen Pelze und für die Rettung der Buckelwale. Wenn Sie Defizite in Ihrem Weltverbesserungsdepot haben, kaufen Sie sich eine Getreidemühle. Sie werden erstaunt sein, wie schnell sich Ihr schlechtes Gewissen beruhigt, wenn Sie eigenhändig Hafer pulverisieren und Dinkel schroten. Peace!
Unverzichtbar für: den ersten Schritt Richtung Urkost

Getreidequetsche, die
Siehe ☞ *Flockenquetsche*

Top 10 der beknacktesten Namen für Küchengeräte

1. Eierschalensollbruchstellenverursacher
2. Benediktinerhobel
3. Marinator
4. Kapselheber
5. Dressiersack
6. Dehydrator
7. Flotte Lotte
8. Küchen-Minna
9. Käseharfe
10. Gurkenzange

Kulinarkauderwelsch II

KÜCHENCHEF
Lehrling, bitte mal den Fisch maskieren!

LEHRLING
So, schauen Sie mal! Ist das nicht hübsch geworden?

KÜCHENCHEF
Mon Dieu! Willst du mich veräppeln? Was soll der Mist? Das ist doch kein Kindergeburtstag hier!

LEHRLING
Wieso? Die Maskierung ist doch gut geworden!

KÜCHENCHEF
Maskieren heißt nicht als Clown oder Pirat oder sonst was verkleiden! Das bedeutet, mit Sauce überziehen!

LEHRLING
Aber warum sagen Sie das nicht gleich?

KÜCHENCHEF
(seufzt)
Aus dir wird nie etwas!

Girolle, die

Wird »Schiroll« ausgesprochen. Ist ein Kurbelhobel für den Tête de Moine-Käse, auch genannt Mönchskopfkäse, und darf auf keiner Käseplatte der westlichen Hemisphäre fehlen. Was dem Fleischesser

die ☞ *Jamonera*, ist dem Vegetarier die Girolle: ein mordsmäßiges Angeberteil, das zum bedingungslosen Futtern verführt. Schließlich muss ein halber Käselaib auf den Edelstahlstift gesteckt werden, damit die Girolle funktioniert. Mit Hilfe des drehenden Schabemessers werden nun formschöne Rosetten vom würzigen Rohmilchkäse abgeschabt. Wenn es denn funktioniert. Falls nicht, wird der strenge Käsegeruch genug Motivation sein, so lange schaben zu üben, bis der ganze Remmel einverleibt ist. Wer den Schweizer Käse dann ein bisschen über hat, muss die Girolle aber nicht in den Keller verbannen. Denn es gibt auch passende Schokoladenblöcke, die man auf die Girolle klemmen kann. Für wunderbare Schokorosetten mit einzigartigem Aroma!
Unverzichtbar für: ein lustiges Partyspiel mit Gästen, die zu alt sind fürs Flaschendrehen: Wer keine schöne Rosette schabt, muss einen Pflümli-Schnaps trinken. Selten so gelacht!

Glosche, die

Eine silberne Metallhaube zum Warmhalten von Speisen. Wer davon ablenken will, dass fast nichts auf dem Teller liegt, bedeckt ihn möglichst lange mit der blankpolierten Kuppel – schon denken alle Gäste, dass sie es mit Sterneküche zu tun haben!
Unverzichtbar für: Gastgeber, die am Lammkarree sparen wollen

Gourmetlöffel, der

Die Soße ist oft das Beste am Essen. Kein Tröpfchen des Gaumengolds darf verschwendet werden. Blöd

nur, dass das Aufstippen mit Brot verpönt ist, und der Oberkellner verschnupft reagiert, wenn man den Teller ableckt. Abhilfe verschafft hier der Gourmetlöffel. Das ist eine Mischung aus stumpfem ☞ *Fischmesser* und flachem Löffel. Charakteristisch ist die Einkerbung an einem Löffelrand. In manch mondänem Fresstempel wird er schon als Fischmesserersatz gereicht, als Besteck für die große Dessertplatte – oder eben als Soßenrestlöffel, mit dem man auch noch die letzten Tröpfchen vom Tellerboden kratzen kann. Für alle, die es mit dem Knigge nicht ganz so genau nehmen, tut es auch ein gut gefüllter Brotkorb. Es gibt noch eine zweite Variante des Gourmetlöffels: ein Löffel mit stark gebogenem Griff, der als eine Art Mini-Teller dient, auf dem Amuse-Gueule serviert werden. Zumindest, wenn man die Gäste dazu bewegen will, zehn Punkte an den Gastgeber zu vergeben.
Unverzichtbar für: Sternejäger

Grapefruitlöffel, der

Wer von der Pampelmuse geküsst ist, der braucht ein solches Gerät. Grapefruitlöffel gibt es als farbenfrohe Flamingos aus Kunststoff oder als fast normale Edelstahllöffel, wobei die Ränder bei beiden mit einem kleinen Wellenschliff versehen sind, um das Fruchtfleisch herausschneiden zu können. Die Klinge ist natürlich eher stumpf, damit man sich beim Essen nicht den Mund aufschlitzt. Es zählt zu den Ungerechtigkeiten dieser Welt, dass es das Ganze nicht auch noch im XXL-Format als Pomelo-Löffel zu kaufen gibt.
Unverzichtbar für: die Entschlackung am Morgen

Grapefruitmesser, das

Mit dem Erwerb eines Grapefruitmessers kommt man dem Küchenmeisterdiplom einen großen Schritt näher. Denn das Grapefruitmesser besitzt nicht einfach eine besonders gebogene Klinge, nein, es verfügt gleichzeitig über einen sogenannten Ziselierhaken. Ziselieren bedeutet in der Küche nichts anderes als das Einschneiden der Oberfläche von Lebensmitteln und wird zum Beispiel bei Fleisch oder Fisch angewandt, um die Wirkung von Gewürzen zu intensivieren. Wer also bisher dachte, er würde die Grapefruitschale nur aufschneiden, der kann demnächst mit Stolz verkünden, dass er sie ziseliert. Und eine ziselierte Grapefruit schmeckt doch gleich viel exquisiter!

Unverzichtbar für: die Verbesserung des Küchenlateins

Grätenzange, die

Auch genannt Fischgrätenpinzette. Eine besonders breite Pinzette, mit der man die lästigen Gräten aus dem Fisch entfernt. Supertolle Erfindung! Denn mit den Fingern ist das Grätenentfernen kein Spaß, da hat man spätestens nach ein paar Minuten schmerzende Fingerkuppen und das schöne Filet aus Wut halb zerrupft. Aber mit der Grätenzange ist das ein Vergnügen. Heißt es. In Wahrheit funktionieren viele Grätenzangen nicht. Manche knipsen die Gräten nur ab, weil sie vorne zu scharf sind, andere muss man zusammenpressen wie irre und trotzdem flutschen die Gräten durch. Aber genau diese Fehlkonstruktionen, die als ☞ *Schubladenverstopfer* enden, sind ein wichtiger Faktor zur Artenerhaltung! Wenn jede

Grätenzange funktionieren würde, würden noch viel mehr Leute Fisch essen, und die Meere wären auf jeden Fall schon leer gefischt!
Unverzichtbar für: den Hering von morgen

Grillzange, die
Siehe ☞ *Gurkenzange*

Gurkenzange, die
Die Gurkenzange besticht durch ihren hübschen Namen. Ursprünglich diente die etwa dreißig bis vierzig Zentimeter lange Holzzange dem Herausfischen der sauren Gurken aus dem Fass. Da es ein kleines bisschen aus der Mode gekommen ist, die Gurken selber einzulegen, wird sie heutzutage eher für das Würstchenwenden auf dem Grill verwendet. Die meisten Menschen kennen sie daher unter dem Namen Grillzange.
Unverzichtbar für: jedes Barbecue

Gyrosgrill, der
Funktionier wie ☞ *der Dönerspieß*

Halogenofen (tragbar), der
Wenn mal superclevere Außerirdische mit der Mission zur Vernichtung von unterentwickelten Spezies auf der Erde landen, dann wird dieses Gerät uns den Arsch retten. Denn wenn die Aliens erst den tragbaren Halogenofen sehen, dann wissen sie, dass auch auf diesem Planeten intelligentes Leben herrscht. Dieser Ofen gart nämlich nicht schnöde mit Hitze, sondern mit Licht. Mit gleißendem Licht! Sonnen-

brille auf, und schon kann's losgehen: In einer UFO-ähnlichen Glasschüssel wird das Eisbein ganz schick von oben angestrahlt und dabei gebraten. Da jeder weiß, dass auch herkömmliche Glühbirnen fast alle Energie in Wärme umsetzen, fragt man sich, warum wir so lange auf diese Erfindung warten mussten. Denn es ist wirklich eine große Erleichterung, den Rollbraten nicht mehr unter die Schreibtischlampe stellen zu müssen!
Unverzichtbar für: Fans von Erich von Däniken, die sich gründlich auf die Ankunft außerirdischer Intelligenz vorbereiten wollen

Berühmte letzte Worte:
»Nur Idioten lesen die ganze Gebrauchsanleitung. So ein Halogenofen erklärt sich doch von selbst!«

Hamburgerformer, der

Gut, man könnte sagen: Ein Hamburger ist auch nichts anderes als eine platte Bulette. Und wieso sollte man dafür ein extra Gerät benötigen? Man hat doch sowieso zwei Werkzeuge im Haus, die praktischerweise fünf Finger haben und sogar an die Arme anmontiert sind. Es gibt den Hamburgerformer als Ausstech-Plattdrück-Gerät mit gefedertem Druckknopf oder als Schüsselchen mit Stempeldeckel. In beiden Fällen muss man das Fleisch erst kneten und portionieren, bevor der Hamburgerformer zum Einsatz kommt. Da könnte man jetzt glatt vermuten, dass man es auch noch hinkriegen würde, den Klops mit der Hand plattzudrücken. Ha! Falsch vermutet! Denn nur ein exakt geformter Hamburger ist ein gu-

ter Hamburger. Und der sollte schon einen Durchmesser von 98,5 Millimeter und eine Höhe von 23 Millimeter haben, wenn er ein bisschen Würde bewahren möchte. Sonst ist er doch nichts weiter als eine platte Bulette …
Unverzichtbar für: Mütter, die ihren Kindern weismachen möchten, dass der hausgemachte Hamburger viel besser schmeckt als der von McDonald's

Heiße Stein, der

Wenn der Neandertaler von der erfolgreichen Jagd zurückkehrte, schmorte er sich ein schönes Wollnashornsteak auf einem Stein, der zuvor in der Glut erhitzt worden war. Der Heiße Stein war sozusagen die Pfanne der ersten Menschen, und da retro total hip ist, wird er heute immer noch gern genommen. Es gibt ihn elektrisch betrieben, auch in Kombination mit einem ☞ *Raclette-Ofen*, oder als Steinplatte, die man selber im Backofen erwärmt. Dann stellt man ihn auf den Tisch, und unter großem Aha und Oho kann sich jeder sein Häppchen selber braten. Das Steinzeitfeeling wird bei manchen Geräten durch eine enorme Geruchsbelästigung komplettiert, die auch noch Tage später an die besondere Mahlzeit erinnert. So muss es früher auch in den Höhlen gewesen sein! Herrlich!
Unverzichtbar für: Jäger & Sammler

Herzkuchenform, die

Für einen solch herzhaften Kuchen braucht man eine entsprechende Kuchenform. Mit einer Liebeserklärung aus Zuckerglasurschrift obendrauf wird daraus

ein romantischer Event! Herzbackformen sind übrigens keine Schöpfung findiger Geschäftemacher der Postmoderne. Sie gibt es schon seit Jahrhunderten: Früher wurden darin die Osterbrote gebacken.
Unverzichtbar für: jeden, der schon mal den Valentinstag vergessen hat

Herzpfanne, die

Eine beschichtete Pfanne in oder mit eingelassener Herzform, um Setzeier oder Pfannkuchen in selbiger Form zu backen. Erfüllt den gleichen Zweck wie ein ☞ *Eierbackring*, nimmt nur dreimal mehr Platz weg. Aber Liebe geht eben durch den Magen.
Unverzichtbar für: jeden, der den Valentinstag schon zweimal vergessen hat

Honiglöffel, der

Honiglöffel gibt es in verschiedensten Varianten und Materialien. Alle sorgen mehr oder weniger dafür, dass der Honig auf dem Weg vom Glas aufs Butterbrot nicht alles verklebt. Das ließe sich zwar auch mit einem normalen Löffel bewerkstelligen, dafür müsste man aber eine gewisse Zielstrebigkeit an den Tag legen. Wer aber zwischen Honigglas und Brötchen mit seinem Löffel gern mal eine Pause einlegt, der muss sich so ein Ding kaufen!
Unverzichtbar für: quasselstrippende Süßschnäbel

Top 3 der Amerika-Geräte

1. Hot-Dog-Maker
2. Muffinmaker
3. Donutmaker

Hot-Dog-Maker, der

Hat einen Ehrenplatz in dem Schrank, in dem nicht mehr alle Tassen sind. Die Maschine besteht aus einem Behälter, in dem Bockwürstchen erwärmt werden, und einem Spieß, auf dem die Brötchen erhitzt werden. Man könnte das zwar rein theoretisch auch in Topf und Toaster machen, aber dann wäre es ja nur ein Frankfurter Nationalgericht. Für das echte Hot-Dog-Feeling muss es auch die entsprechende Maschine sein. Wer es richtig ernst meint, kauft sich noch einen Handwagen, den er durch die Küche rollt. Und mit einer Fototapete vom Central Park im Hintergrund wird der Geschmack perfekt! Und das ist das bisschen Aufwand doch wohl allemal wert!
Unverzichtbar für: New York Yankees-Fans

Hummergabel, die

Hummergabel, Schere, Licht, sind für arme Leute nicht! Wer sich den Anschein geben will, etwas Besseres zu sein, der lege sich einen Satz Hummergabeln in die Schublade und erwähne sie im Beisein von Gästen beiläufig.
Unverzichtbar für: das Upperstatement

Hummerzange, die

Die Hummerzange sieht aus wie ein Nussknacker und dient dem Zerbrechen des Hummerpanzers. Da sie deutlich preisgünstiger ist als so ein exquisites Schalentier, sollte man sich unbedingt eine Hummerzange zulegen, um den (Geld-)Schein zu wahren.
Unverzichtbar für: das vollständige Upperstatement

Jamonera, la

Jamonera ist spanisch und wird »Chamonera« ausgesprochen. Klingt natürlich viel weltgewandter als Schinkenbock. Die Jamonera ist ein Holzgestell, in das man eine komplette Serrano-Schinken-Keule einspannen kann, um den Schinken fachgerecht zu schneiden. Das Gerät für den ganzen Kerl. Sieht einfach klasse aus, wenn ein Mann, drei Hemdknöpfe offen, mit einem Messer so lang wie ein Matadorspieß an einer Schinkenkeule herumsäbelt. Zumindest in der urigen Tapasbar in Barcelona. Zwischen Resopalhängeschrank und Mikrowelle in der heimischen Küche büßt das Teil leider eine Menge an Romantik ein. Abgesehen davon, dass man Schinken fressen muss bis zum Abwinken, um die Keule vorm Schlechtwerden zu bewahren. Ein klassischer Urlaubsfeeling-Überschwang-Kauf, der einen immer, wenn man ihn im Keller findet, an die schönsten Wochen des Jahres 1996 erinnern wird.
Unverzichtbar für: Testosteron-Protze, die mit einer Teilnahme an der Stierhatz in Pamplona liebäugeln

Joghurtmaschine, die

Auch Joghurtbereiter oder Joghurt-Maker genannt. Um eine Joghurtmaschine betreiben zu können, braucht man schon ein gewisses Maß an Kultur. In diesem Fall reicht ein Premierenabo aber nicht aus. Nur mit Hilfe einer lebenden Joghurtkultur kann man aus Milch in einer Joghurtmaschine neuen Joghurt züchten. Das Wort Joghurt stammt übrigens aus dem Türkischen und heißt soviel wie gegorene Milch. Milch wird mit Joghurt vermischt, in die kleinen Töpfchen der Joghurtmaschine gefüllt und bei paarnvierzig Grad gegoren. Und schon entsteht über Nacht neuer Joghurt! Aber nicht alles auffuttern, damit man noch ein bisschen Kultur zum Ansetzen der nächsten Runde nachbehält.

Unverzichtbar für: kulturbeflissene Theatermuffel

Julienneschäler, der

Auch genannt Julienneschneider. Julienne sind sehr fein geschnittene Gemüsestreifen, die man als Suppeneinlage oder für asiatische Gerichte benutzt. Man kann sie mit dem Messer herstellen, aber natürlich gibt es dafür auch extra Geräte. Sie sehen aus wie ein Sparschäler mit gezackter Klinge und schneiden super Julienne. Zumindest, wenn das Gemüse nicht so hart ist wie eine Karotte und noch dick genug, dass man sich nicht die Klingen in die Hand rammt. Ist das Gemüse einmal zu schmal geschnippelt, steigt die Verletzungsgefahr erheblich, und man muss entweder Hände aus Stahl haben oder den Rest mit dem Messer schneiden.

Unverzichtbar für: halbe Sachen

Kaffeemühle, die

»Her mit dem Ding da«, schrie der Räuber Hotzenplotz, als er die Großmutter kaffeemahlend auf der Gartenbank sah. Schwupps, schon war die schöne Kaffeemühle, die beim Mahlen »Alles neu macht der Mai« spielte, weg. Der Räuber Hotzenplotz zog von dannen und Großmutter fiel vor Schreck in Ohnmacht. Heutzutage hätte der Räuber Hotzenplotz es schwer, eine solche Maschine zu finden. Handbetriebene Kaffeemühlen gibt es sowieso kaum noch, aber auch die elektrische Kaffeemühle steht schon lange auf der *Roten Liste der vom Aussterben bedrohten Küchengeräte.* Heutzutage kauft man entweder von vornherein gemahlenen Kaffee oder Kaffeepads oder man hat eine Kaffeemühle integriert im Espresso-Cappuccino-Kaffee-Monster-Automat. Aber keines der neuen Geräte kann gleichzeitig ein Liedchen spielen. Schade!

Unverzichtbar für: Otfried Preußler

Kaffeeportionierer, der

Ein Vorratsbehälter, der auf die Tasse genau die gewünschte Kaffeemenge ausspuckt. Wer gerade keinen Löffel im Haus hat, für den ist der Kaffeeportionierer das Richtige.

Er arbeitet allerdings ein bisschen ungenauer als der noch zu erfindende ☞ *Kaffeepulverwaagenkalkulator (digital)*, der die gewünschte Menge aufs Milligramm genau unter Einbeziehung von Bohnensorte, Röststufe und Müdigkeitsgrad des Konsumenten ausrechnet. Wer also exakt arbeiten will, der wartet auf diese Innovation und behilft sich derweil mit

einem Teelöffel, der in ausgesuchten Fachgeschäften erhältlich ist.
Unverzichtbar für: Pi-mal-Daumen-Hasser

Kakaostreuer, der

Siehe auch ☞ *Cappuccino-Schablone.*

Als die Kaffeekultur zur Latte-Macchiato-Hysterie mutierte, brachte sie auch diese Spielart hervor. Ein Streuer, in den austauschbare Schablonen geschraubt werden. Mittels Drehen stäubt man ein Herz, Kleeblatt oder ein Gesicht aus Kakao auf den Cappuccino. Wenn man frisch aufgebrühten Espresso mit Milchschaum garniert und mit Vanilleflavour verfeinert hat, darf eine freundliche Visage aus Kakaopulver obendrauf natürlich nicht fehlen.
Unverzichtbar für: das nächste Wichteln unter lieben Kollegen

Kanneliermesser, das

Kannelieren ist französisch und heißt soviel wie »mit Rillen (Kannelüren) versehen«. So wurden schon bei den alten Griechen die Säulen verziert. Heute tobt man sich nicht mehr an Tempelsäulen aus, sondern an Radieschen und Champignons. Das Kanneliermesser sieht ein bisschen aus wie ein sehr schmaler Flaschenöffner mit scharfer Klinge. Damit kann man dann Grünzeug mit Kerben überziehen, wie man gerade lustig ist!
Unverzichtbar für: Karottenkünstler

Kannenwärmer, der

Dieser enge Verwandte des Toilettenrollenüberzugs ist leider aus der Mode gekommen, seit es Kaffeemaschinen mit Wärmeplatte beziehungsweise Thermoskannen gibt und steht auf der *Roten Liste der vom Aussterben bedrohten Küchengeräte*. Dabei ist es eine so hübsche Sache, die Kaffee- oder Teekanne mit einem selbstgehäkelten Mäntelchen zu umhüllen!
Unverzichtbar für: erfüllte Handarbeitsstunden

Kapselheber, der

Nur ein bescheuertes Wort für Flaschenöffner. Aber eben ganz korrekt, da der Kapselheber die Kapsel (bescheuertes Wort für Kronkorken) mittels Hebelwirkung von der Flasche hebt.
Unverzichtbar für: Feuerzeug-Öffnungsmethode-Verächter

Top 3 der elitärsten Küchengeräte

1. Kaviarlöffel
2. Hummerzange
3. Glosche

Kartoffelkönig, der

Achtung, dieser Eintrag dient nur der Aufklärung! Der Kartoffelkönig ist weder eine besondere Bürste zum Kartoffelschälen noch ein Sparschäler, der gleichzeitig die Augen entfernt, noch ein Kochtopf speziell für Erdäpfel. Nein, der Kartoffelkönig ist überhaupt kein Küchengerät! Sondern ein Märchen über eine gutherzige Riesenknolle, die allen begehrlichen Mündern entwischt, um sich dann bereitwillig von zwei armen Kindern zu Reibekuchen zerstückeln zu lassen. Was für eine hübsche Sage. Und die Moral von der Geschicht'? Unterschätze die Gutherzigkeit der Kartoffel nicht.

Kartoffelspirale, die

Siehe ☞ *Benediktinerhobel*

Käsebeil, das

Zweiundzwanzig Kilo Käse futtert der Deutsche pro Jahr. Um insbesondere Hartkäse wie Edamer und Gouda in mundgerechte Stücke zu hauen, gibt es unter anderem das Käsebeil. Das ist einfach eine sehr breite Klinge an einem Griff. Es schneidet nicht besser als ein normales Messer, aber mit einem Hackebeilchen fühlt man sich doch gleich viel mächtiger!

Unverzichtbar für: Käseliebhaber auf dem Kriegspfad

Käseharfe, die

Eigentlich ist die Käseharfe ein Werkzeug des Käsemeisters, um im großen Bottich die eingedickte Milch zu schneiden – ein wichtiger Schritt auf dem Weg zum Hart- oder Weichkäse. Aber der Name wurde auch ausgeborgt für ein Schneidewerkzeug des Käsekonsumenten: ein einzelner Draht an einem Metallbogen zum Schneiden von Roquefort, Schnittlauchrolle und anderen Weichkäsen. Als Musikinstrument weniger gut zu gebrauchen als der ☞ *Eierschneider*, da sie nur über einen einzigen Draht verfügt.

Unverzichtbar für: unmusikalische Blauschimmelfreunde

Käsehobel, der

Einer der am weitesten verbreiteten ☞ *Schubladenverstopfer*. Sieht ein bisschen aus wie ein zu kurz geratener Tortenheber mit einem etwa drei Zentimeter breiten Schlitz in der Mitte, in den eine Klinge integriert ist. Man zieht den Hobel über den Käse und schneidet Scheiben ab. In der Theorie. In der Praxis reißt man damit eher scheibenähnliche Brocken ab, besonders wenn der Käse etwas breiter ist als die Klinge. So sagt es ja schon ein altes Sprichwort: Wo gehobelt wird, da fallen Käse. Neben der Frage nach der wahren Bedeutung der Pyramiden von Gizeh gehört es ebenfalls zu den ungelösten Rätseln der Menschheit, warum ausgerechnet dieses nichtsnutzige Ding in fast allen Haushalten zu finden ist!

Unverzichtbar für: zu leere Besteckkästen

Käsehobel für Tête de Moine, der
Siehe ☞ *Girolle*

Käsemesser, das
Siehe ☞ *Weichkäsemesser*

Käsemühle, die
Eine handbetriebene Mühle für Hartkäse. Diese Geräte sind sehr sinnvoll, besonders für die Vorratshaltung. Denn im Gehäuse vieler Mühlen bleiben in Ecken und Ritzen immer Parmesanreste kleben, die man kaum rauskriegt. Die ideale Notration für den Fall, dass der Parmesan mal wieder ausgegangen ist. Mit einem Zahnstocher lassen sich dann die letzten Krümel aus der Mühle kratzen.
Unverzichtbar für: spontanes Nudelkochen

Käsereibe (elektrisch), die
Siehe ☞ *Parmesanreibe*

Kaviarlöffel, der
Selbst wenn man mit dem goldenen Löffel im Mund geboren ist, darf man diesen nicht für Kaviar benutzen. So ein Pech aber auch! Der klassische Kaviarlöffel ist aus Perlmutt, denn Metall- oder Silberlöffel würden Geschmack an die Fischeier abgeben. Aber wie schon Johannes Mario Simmel sagte »Es muss nicht immer Kaviar sein« – deswegen darf man den Kaviarlöffel auch für elitäre Hühnereier einsetzen.
Unverzichtbar für: The nextbest Uri Geller

Keimbox, die
Siehe ☞ *Sprossenzuchtgerät*

Keimgerät, das
Siehe ☞ *Sprossenzuchtgerät*

Kelly Kettle, der

Der Kelly Kettle ist der beste Freund des Globetrotters, sorgt er doch in der wildesten Wildnis im Handumdrehen für heißes Wasser. Es ist ein Wasserkessel, der auf den ersten Blick ein bisschen aussieht wie eine altertümliche Milchkanne im Kleinformat. Der Clou ist aber seine Rohrform: Denn der doppelwandige Kessel ist innen hohl. Das Wasser befindet sich in der Außenwand – und der Hohlraum in der Mitte dient als Kamin für das Feuerchen aus Ästen und Rinde, das in einer Aluminiumschale entzündet wird. Der Kelly Kettle wird auf das Feuer gestellt und schützt es so vor Wind und Regen. Die Wärme zieht nach oben und erhitzt in wenigen Minuten das Wasser. Der Kelly Kettle wurde bereits vor über hundert Jahren von irischen Anglern benutzt und ist wegen seines hohen Zündelfaktors das ideale Spielzeug für Männer, die gern den Elementen trotzen.
Unverzichtbar für: die Outdoorküche

Kekspresse, die
Siehe ☞ *Gebäckpresse*

Kirschentkerner, der

Wer die Kirschen aus Nachbars Garten mopst oder anderweitig an Kirschreichtum gelangt, braucht

einen Kirschentkerner. Das ist eine handbetriebene Maschine aus Kunststoff: Oben werden die Kirschen eingefüllt, sie fallen einzeln in ein kleines Loch, man haut auf einen Stößel, der die Kirschen durchbohrt und den Kern herausdrückt. Um zu verhindern, dass der Nachbar einem auf die Schliche kommt, sollte dabei Spritzschutzkleidung getragen werden, da einen sonst Kirschsaftflecken auf dem Hemd als Dieb überführen könnten. Wünschenswert wäre, wenn die Industrie endlich den Kirschentkerner mit einem digitalen Wurmsucher (siehe ☞ *Küchengeräte, die unbedingt noch erfunden werden müssen*) ausstatten würde. Weil eine entkernte Kirsche ja schön ist, aber eine entkernte und entwurmte Kirsche noch besser.
Unverzichtbar für: jeden, mit dem gut Kirschen essen ist

Kloßpresse, die
Siehe ☞ *Thüringer Kloßpresse*

Knethandschuhe, die
Kneten gehört von Kindesbeinen an zu den sinnlichsten Erlebnissen. Doch irgendwann ist man aus dem Alter raus, in dem man buntgescheckte Schlangen aus Knete rollt, und geht über zum Hefeteig. Vollends erwachsen geworden ist man, wenn man sich dabei nicht mehr die Hände schmutzig machen will. Dann kann man sich extra Knethandschuhe kaufen. Und wenn man in den Keller geht, um Mehl aus dem Vorratsschrank zu holen, kann man da unten auch gleich eine Runde lachen.
Unverzichtbar für: Etepetete-Kneter

Knoblauchschäler, der

Findige Köche drücken einmal mit der flachen Seite eines Kochmessers auf die Knoblauchzehe, dabei platzt die Schale auf und kann ganz leicht abgezogen werden. Küchenfirlefanzfans nehmen dafür den Knoblauchschäler: eine weiche Gummirolle, in die die ganze Knoblauchzehe gelegt, dann gedrückt und gleichzeitig gerollt wird, und schwupps kullert die nackte Zehe heraus. Wenn man sie anschließend auch noch ohne Anfassen in die Knoblauchpresse befördern kann, ist man König, weil dann die Hände kein bisschen nach Knofi riechen. Äußerst wichtig, falls man keinen Wasseranschluss im Haus hat!

Unverzichtbar für: empfindsame Riechkolben

Kochbuchständer, der

Wer seine Rezepte nicht im Kopf hat, muss schon mal einen Blick ins Kochbuch werfen. Man kann es zu diesem Zweck gegen die Wand lehnen und mit einer Konservendose oder Ähnlichem fixieren. Viel schicker ist aber natürlich der Kochbuchständer. Es gibt ihn aus romantisch gedrechseltem Eisen, Acryl, Holz oder Plexiglas. Manche haben sogar einen integrierten Spritzschutz, damit die Hähnchenkeule beim Anbraten nicht das ganze Kochbuch einsaut, wenn man es denn direkt neben der Herdplatte platzieren möchte. Wenn man fertig ist mit Kochen, kann man den Kochbuchständer flugs in einen Notenständer umfunktionieren, um ein kleines Ständchen mit Blockflöte, ☞ *Käseharfe* und ☞ *Eierschneider* zu intonieren. Weltklasse!

Unverzichtbar für: die kleine Nachtmusik

Kochlöffelständer, der

Formschöne Halterung mit Auffangschälchen, in der der Kochlöffel zwischen seinen Rühreinsätzen ruht. Ist total wichtig, um Flecken zu vermeiden. Wer wischt nach dem Kochen schon gern die Arbeitsplatte ab? Bei dieser Arbeitsersparnis ist es auch kein Problem, dass man hinterher zwei Sachen spülen muss – Löffel und Ständer. Im Übrigen soll es Küchenschnickschnack-Ignoranten geben, die eine Tasse als Kochlöffelständer benutzen.

Unverzichtbar für: alle, die kaum noch Tassen im Schrank haben

Kokosnuss-Schaber, der

Zugegeben: Der Kokosnuss-Schaber gehört in unseren Breitengraden eher zu den Exoten unter den Küchengeräten. Aber er wird immer wichtiger, seit es Kokosnuss-Stückchen nicht mehr nur als Kirmesattraktion gibt, sondern in jedem Supermarkt ganze Nüsse angeboten werden. Es gibt nun Menschen, die sich einen Kokosnuss-Schaber aus dem Urlaub mitbringen. Das sind meistens ganz einfache Holzgeräte, die zum Beispiel in der afrikanischen Variante an einen gezackten Spachtel erinnern. Aber natürlich gibt es derlei Schabernack auch in tippitoppi Edelstahl: eine Kurbel mit einem baseballgroßen Aufsatz aus gefächerten Messern, die die Innenseite der halben Kokosnuss ausraspelt.

Unverzichtbar für: Ritter der Kokosnuss

Kokotte, die

Französisches Wort für Hühnchen, womit aber nicht nur Suppenhühner, sondern auch Bordsteinschwalben gemeint sind. In der Küchenwelt hat die Kokotte dennoch nichts mit dem Rotlichtmilieu zu tun. Hierbei handelt es sich um einen dekorativen Schmortopf aus Steinzeug, Porzellan oder Gusseisen mit fest schließendem Deckel. Die Kokotte wird auch zum Servieren benutzt. Der Begriff wird in manchen Rezepten gleichgesetzt mit Kasserolle oder Auflaufform, wobei man sich fragt, warum es dann nicht gleich Kasserolle oder Auflaufform genannt wird. Jedenfalls zeugt es von Weltbürgertum, wenn man dieses Wort in all seinen Bedeutungen kennt.

Unverzichtbar für: die Allgemeinbildung

Kornquetsche, die

Siehe ☞ *Flockenquetsche*

Krapfenpfanne, die

Siehe ☞ *Dalkenpfanne*

Kräutermühle, die

Die Kräuter werden in einen Behälter gegeben und mittels kurbelbetriebener Messer kleingehackt. Wenn man mal wieder ein Pfund Petersilie für den Kartoffelsalat oder ein Kilo Schnittlauch für die Suppe schreddern will, erspart einem das die lästige Schnipselei mit dem Messer.

Unverzichtbar für: die Petersilienhochzeit

Kräuterroller, der

Noch so ein Teil, um Kräuter kleinzukriegen: Mehr oder weniger scharfe, nebeneinander montierte Messerrollen an einem Griff. Man soll sie einfach über die Kräuter rollen, und schon zerteilen sich die grünen Blättchen wie von Zauberhand. Falls man aber einen zu stumpfen Kräuterroller erwischt haben sollte, der die Kräuter nur quetscht, statt zu schneiden, ist er dennoch nicht wertlos! Dann kann man ihn immerhin noch einsetzen, um ein dekoratives Muster in den Sandkasten zu ritzen oder Furchen in die Blumenerde zu ziehen, um neue Basilikumsamen zu pflanzen.
Unverzichtbar für: den Kräutergarten

Kräuterzerkleinerer, der

Es scheint sich noch nicht herumgesprochen zu haben, dass man Kräuter auch ziemlich leicht mit einem großen scharfen Messer hacken kann. Wie wäre die Vielzahl an Kräuterzerhäckslern sonst zu erklären? Unter dem Begriff Kräuterzerkleinerer firmieren nun unterschiedlich funktionierende handbetriebene und elektrische Geräte, die man sich anschaffen kann, falls einem der Umgang mit dem Messer zu profan erscheint.
Unverzichtbar für: alle, die sich in Frankfurter Grüne Soße reinsetzen könnten

Krebsmesser, das

Ein unentbehrliches Utensil für das Unterrichtsfach »Gewalt am Tisch«. Das Krebsmesser dient dem Aufschneiden des Krebspanzers. Zudem hat es ein Loch,

in das man die Beine hineinstecken kann, um sie zu brechen.
Unverzichtbar für: Panzerknacker

Berühmte letzte Worte:
»Ich glaub nicht, dass man sich mit dem Krebsmesser den kleinen Finger brechen kann.«

Küchengarn, das

Das Küchengarn ist nicht etwa das Seemannsgarn des Kochs, denn es beschreibt nicht die phantasiereichen Ausführungen eines Küchenchefs über seine Heldentaten am Herd, sondern eine geschmacksneutrale und hitzebeständige Schnur, mit der man Fisch, Fleisch oder Gemüse formschön zusammenbinden kann. Handwerklich ambitionierte Hausfrauen benutzen dazu Häkelzwirn oder Strickwolle, allerdings sollte man sich dann hinterher nicht über komische bunte Muster auf dem Fleisch wundern! Ganz schlichte Gemüter klammern ihre Rouladen einfach mit Zahnstochern. Soll auch funktionieren, aber damit kann man natürlich keine Raffinessepunkte sammeln.
Unverzichtbar für: Fleischmakramee

Küchen-Minna, die

»Jemanden zur Minna machen« ist eine geläufige Redewendung. Diese geht zurück auf die Zeit von Kaiser Wilhelm, als »Minna«, die Kurzform von Wilhelmine, ein geläufiger Rufname für Dienstmädchen war, ob sie nun so hießen oder nicht. Damit wurde ihnen gleich gezeigt, an welchem Ende der Futterkette sie standen: nämlich ganz weit unten. In den

1950er-Jahren wurde der Name von der Bielefelder Firma Braucke aufgegriffen und eine handbetriebene Universal-Küchenmaschine zum Schneiden, Raspeln und Entsaften von frischem Gemüse und Obst danach benannt. Wegen mangelnder Political Correctness wurde dieses bedauernswerte Gerät also von Geburt an in die Küchengeräte-Unterschicht verbannt. Vom Aussehen erinnert die Küchen-Minna am ehesten an einen Fleischwolf, dient aber dazu, Grünzeug aller Art kleinzukriegen, und ist besonders bei der vegetarischen Fraktion beliebt. Wer jetzt meint, die Küchen-Minna sei deswegen auch eine Grüne Minna, der irrt: Grüne Minna nannte man früher einen Gefangenentransportwagen der Polizei.
Unverzichtbar für: Rohköstler

Küchenreibe, die
Siehe ☞ *Mandoline*

Kuchenretter, der
Ein Kuchenretter ist nicht etwa jemand, der die frischgebackene Torte vor den gierigen Blagen in Sicherheit bringt. Ein Kuchenretter, auch genannt Tortenhebeblech, ist eine runde Scheibe aus Metall oder Kunststoff mit Griff, mit der man den Kuchen oder die Pizza in einem Stück vom heißen Blech heben kann. Viele sind hübsch gelocht, so dass man sie auch als Schablone zum Aufstreuen von Puderzucker oder Schokostreuseln auf den Kuchen nutzen kann. So verziert kann nichts mehr den Kuchen vor dem Untergang retten.
Unverzichtbar für: Zuckerschnuten

Kuchenschneidehilfe, die

Die Kuchenschneidehilfe sieht aus wie der Rand einer Springform, der mehrere waagerechte Schlitze hat. Durch diese hindurch kann man den Kuchen in dünne Böden schneiden. So ist die Gefahr geringer, dass man die Böden versemmelt und die Torte später an den schiefen Turm von Pisa erinnert.
Unverzichtbar für: Torten-Hochstapler

Kugelausstecher, der

Ein kleiner Löffel in Form eines halben Balls mit scharfer Kante zum kugelförmigen Schneiden von Fruchtfleisch. Auch genannt Pariserlöffel oder Perlausstecher. Besonders beliebt für Melone. Sehr clevere Eltern aber nutzen den Kugelausstecher auch für Papaya, Avocado, Äpfel, Mango und anderes. Denn der Clou ist: Kinder werden so spielerisch gezwungen, entweder die Vitamine schnell aufzuessen oder Geometrie zu lernen! Umfang, Radius und Volumen lassen sich nämlich anhand der lustigen Obstkugeln ganz leicht beim Mittagessen ausrechnen. Und je schneller die Lernmaterialien aufgefuttert sind, desto schneller ist der Unterricht zu Ende. So artig haben die Kinder die gesunden Beilagen noch nie aufgegessen!
Unverzichtbar für: Tischkickerbesitzer. Wenn der Ball mal wieder abhandengekommen ist, kann man sich mit dem Kugelausstecher aus einer Kartoffel ganz schnell einen neuen schnitzen!

Kühlschrank-Alarm, der

Wer sich über sorglose Zeitgenossen ärgert, die minutenlang vor der offenen Kühlschranktür verharren, um sich von der frischen Brise abkühlen zu lassen, der muss sich einen Kühlschrank-Alarm zulegen. Dieses Gerät stößt nämlich ein Warnsignal aus, sobald die Tür länger als dreißig Sekunden aufsteht. Denn wie heißt es so schön: Wer Strom spart, kann Häuser bauen!

Unverzichtbar für: Kontrollfreaks

Kühlschrank-Luftreiniger, der

Super praktisch! Mit diesem Gerät muss man nicht dauernd den Kühlschrank nach gärenden Brokkoliresten oder angeschimmelten Zitronen durchsuchen – der Kühlschrank-Luftreiniger entfernt nämlich schädliche Bakterien und unangenehme Gerüche aus der Luft. Und er baut sogar Pestizide aus Obst und Gemüse ab! So ersetzt er sozusagen den Gang in den teuren Bioladen. Überprüfen kann man das zwar nicht, aber ein bisschen Vertrauen muss man in die Werbung schon haben, sonst verdirbt man sich ja selber das Leben.

Unverzichtbar für: Tupperdosenhasser

Unverzichtbare überflüssige Küchengeräte L–P

Latte-Macchiato-Löffel, Limonadenlöffel, Maiskolbenhalter, Mandoline, Mango-Entkerner, Marinator, Maroni-Ofen, Melonenroller, Milchaufschäumer, Milchthermometer, Mozzarellaschneider, Muffinmaker, Nestbacklöffel, Nudelholz, Nudelmaschine, Nudeltimer, Nudeltrockner, Olivenentkerner, Olivenlöffel, Ölsprayer, Orangenschäler, Orangenschälmaschine, Paninimaker, Pariserlöffel, Parisienneausstecher, Parmesanbrecher, Parmesanreibe (elektrisch), Passiergerät, Passiermühle, Pastakocher, Pellkartoffelgabel, Perlausstecher, Pfeffermühle (elektrisch, mit Beleuchtung), Pfeifkessel, Pflaumenentsteiner, Piep-Ei, Pizzadom, Pizza-Ofen, Pizzarad, Pizzaschere, Pizzastein, Poffertjesmaker, Polentakocher, Pommesschneider, Popcornmaschine, Portweinzange, Probierlöffelgabel, Puderzuckermühle

Latte-Macchiato-Löffel, der
Siehe ☞ *Limonadenlöffel*

Top 3 der Italo-Geräte

1. Latte-Macchiato-Löffel
2. Spaghettitester
3. Pizzadom

Limonadenlöffel, der

Der Limonadenlöffel ist ein Teelöffel mit einem langen Stiel. Nicht zu verwechseln mit dem Latte-Macchiato-Löffel. Das ist auch ein Teelöffel mit einem langen Stiel. Aber sie haben nun mal völlig unterschiedliche Jobprofile: Der eine rührt Zucker in den heißen Kaffee, der andere rührt … äh … Limo um. Oder fischt die Zitronenscheibe aus dem Limoglas. Oder ist einfach nur dazu da, die Eiswürfel ein bisschen durcheinanderzuwirbeln. Egal. Dass es ihn gibt, ist ja wohl Existenzberechtigung genug.
Unverzichtbar für: Softie-Drinks

Maiskolbenhalter, der

Mini-Spieße in lustiger Maiskolbenform zum Festhalten gegrillter Maiskolben. Man könnte auch Zahnstocher nehmen oder die Hände. Sieht aber nicht so putzig aus.
Unverzichtbar für: Hähnchenkeule-mit-der-Gabel-Esser

Mandoline, die

Die Mandoline ist sowohl ein Zupfinstrument aus der Familie der Lauten als auch ein Gemüsehobel. Im zweiten Fall wird sie auch Küchenreibe genannt. Sie besteht aus einem schmalen Kunststoff- oder Metallbrett, in das eine Klinge integriert ist. Schiebt man ein Gemüse darüber, wird es je nach Aufsatz in Scheiben, Streifen oder andere Formate geschnitten. Es gibt Mandolinen in unterschiedlichsten Materialien und Qualitäten. Sie sind eines der beliebtesten Geräte von Einkaufspassagenverkäufern, die das Küchenwerkzeug mit großem Tamtam anbieten. Da kann es nur passieren, dass es zu einem Vorführeffekt der anderen Sorte kommt: dass es nämlich zu Hause gar nicht mehr so gut funktioniert wie in der Fußgängerzone. Worauf man in jedem Fall achten sollte, ist das wichtigste Zubehör: der Restehalter. Damit man nicht beim Reiben des Möhrenstummels die Fingerkuppen über die Klinge springen lässt.

Unverzichtbar für: Captain Corelli

Berühmte letzte Worte:

»Ich brauch doch keinen Restehalter, um auf der Mandoline einen Gurkenstummel in dünne Scheiben zu hobeln!«

Mango-Entkerner, der

Exotische Früchte sind mittlerweile in jedem deutschen Supermarkt heimisch geworden. So auch die Mango. Doch nicht jeder traut sich daran. Schließlich hat die Mango nicht nur eine Schale, die nicht mitgegessen werden darf, sondern auch einen Kern.

Huaaa! Unheimlich! Wie kriegt man den denn wohl aus der Frucht – wenn man lediglich Messer besitzt, die nur typisch deutsches Obst wie Äpfel gewohnt sind? Aber zum Glück für den schreckhaften Verbraucher steuert die Industrie den Mango-Entkerner bei, um auch den letzten Skeptiker mit dem Exoten aus den Tropen vertraut zu machen. Der Mango-Entkerner schneidet die Frucht in zwei Hälften und entkernt sie dabei. Dass die Mango und der Kern dabei nur eine bestimmte Größe haben dürfen – wurscht! Und dass man die halbierten Früchte danach auch noch irgendwie schälen muss – egal! Und dass sie auch nicht zu reif sein dürfen, weil sie sonst komplett zermatschen – drauf gepfiffen! Hauptsache, es gibt einen Erste-Welt-Helfer für die Dritte-Welt-Frucht.
Unverzichtbar für: integrative Kulinarik

Marinator, der

Ohne Marinade ist Fleischgenuss nur der halbe Spaß. Damit die würzende Soße ihre Wirkung ganz entfalten kann, sollte sie aber immer einige Zeit vor dem Braten aufgetragen werden. An dieser Stelle tritt der Marinator auf den Plan, verspricht er doch, in seinem Behälter in wenigen Minuten Fleisch und Marinade miteinander zu vereinen. Das passiert, indem er dem Behälter die Luft entzieht. Durch das Vakuum sollen sich die Poren des Fleisches öffnen und die Marinade einziehen können. Jetzt gibt es Wissenschaftler, die sagen, diese ganze Porensache sei sowieso bloß eine Erfindung der Werbung. Aber das ist an dieser Stelle zweitrangig. Wichtiger ist Folgendes: Findige Hobbyköche stecken Fleisch und Marinade in einen Ge-

frierbeutel, drücken die Luft heraus und kneten alles ordentlich durch. Aber das ist natürlich total billig – im Gegensatz zu einem Marinator.
Unverzichtbar für: Reklamegläubige

Maroni-Ofen, der

Der Maroni-Ofen ist die beste Energiesparmethode für zu Hause. Denn mit einem solchen Gerät lässt sich wunderbar die »gute alte Winterzeit« nachspielen. Der Maroni-Ofen wird zwar nicht mit einem Holzkohlefeuer betrieben, sondern elektrisch, sieht aber fast so aus wie der vom Maronimann auf dem Weihnachtsmarkt. Deswegen: Heizung ausstellen, dicke Jacke anziehen und Maroni-Ofen einschalten. Nach kurzer Zeit zieht der heimelige Geruch nach gerösteten Esskastanien durchs Haus. So kann man den ganzen Winter hindurch Heizkosten sparen! Genial!
Unverzichtbar für: Klimaschützer

Melonenroller, der

Wenig geläufiger, aber viel hübscherer Name für den ☞ *Kugelausstecher.*

Milchaufschäumer, der

Grundsätzlich gibt es zwei Varianten, um Milch für Cappuccino aufzuschäumen: in einer Spezialkanne, die die Milch gleichzeitig erwärmt, oder mit einem batteriebetriebenen Quirl, der in den Milchtopf gehalten wird. Mit einem simplen Schneebesen könnte man die Milch zwar auch schaumig schlagen, aber das ist natürlich viel zu anstrengend.
Unverzichtbar für: Frühsportmuffel

Milchthermometer, das

Wer heiß anfassen kann, kann auch heiß lieben. Heißt es. Für alle aber, die weder ihre Finger gern als Thermometer missbrauchen noch ihren Augen trauen, wenn es um Dampfentwicklung geht, ist ein Milchthermometer zwingend erforderlich für den ungetrübten Kaffeegenuss.
Unverzichtbar für: Hohepriester der Latte-Macchiato-Kultur

Mozzarellaschneider, der

Och nö! Da hat die Industrie gemerkt, dass das Zeitalter der Eierscheiben (Ovozoikum) endgültig abgelaufen ist, und schon jubelt sie uns den ☞ *Eierschneider* als Mozzarellaschneider unter. Manche schrecken auch vor der Betitelung Mozzarella- und Tomatenschneider nicht zurück. An dieser Stelle möchten wir dagegen protestieren. Erstens ist es pietätlos dem Eierschneider gegenüber. Zweitens ist doch jetzt schon klar, dass sich die treulose Industrie beim kleinsten Anzeichen für das Ablaufen des Zeitalters der klassischen italienischen Küche (Pomodozoikum) nach einem neuen Namen für den Mozzarellaschneider umschauen wird. Und dann wird er im anbrechenden Zeitalter des Molekularfoods (Espumazoikum) in Separator für Heilbutt-Eiskugeln umgetauft oder als Olivenölgeleeperlenzerteiler wiedergeboren. Wir sind dagegen! Wir wollen unseren Eierschneider behalten! So, das musste einmal gesagt werden.
Unverzichtbar für: Trittbrettfahrer

Muffinmaker, der

Es wäre ja nun wirklich eine himmelschreiende Ungerechtigkeit und eine gigantische Marktlücke, gäbe es zwar einen ☞ *Donutmaker*, aber keinen Muffinmaker. Umso größer die Erleichterung, dass auch für das Backen dieser amerikanischen Küchlein ein Spezialgerät existiert. Funktioniert wie ein Donutmaker, macht nur keine Löcher ins Gebäck.

Unverzichtbar für: die komplette Kollektion internationaler Backmaschinen im Keller

Die Maker-Maker oder: Wer denkt sich nur diese Namen aus?

»So, liebe Kollegen. Unsere Designer haben dieses phantastische Gerät entwickelt. Jetzt brauchen wir nur noch einen Namen für dieses … äh … Dings.«

»Was ist das?«

»Das ist ein Gerät, mit dem man gleichzeitig die Zitronenschale abreiben und die Zitrone entsaften kann.«

»Sieht aus wie ein Riesenbohrer-Kartoffelschäler aus Plastik mit Untertasse.«

»Ja, man spart damit einen ganzen Arbeitsschritt! Genial, nicht? Also, Vorschläge für einen Namen bitte.«

»Aber wieso ist das Gerät so groß?«

»Hier steckt man die Zitrone drauf, das ist der Auffangbehälter für den Saft, dort werden die Kerne aufgefangen, das hier ist der Zesteur, also das Ding, um die Zitronenschale abzuziehen, hier fällt die Zitronenschale rein, und das Fach dient als Behälter für die Elektroschnur.«

»Hmmm … sieht irgendwie umständlich aus.«

»Zugegeben, man muss sich ein bisschen dran gewöhnen, aber dann geht es ganz einfach.«

»Kann man das in der Spülmaschine reinigen?«

»Nein. Aber ist doch egal! Wir brauchen nur einen guten Namen, dann reißen es die Leute uns aus der Hand!«

»Ich weiß was! Zitronenschalenabriebsollbruchstellenverursacher.«

»Mann, die Idee ist soooo alt. Lass dir endlich mal was Neues einfallen!«

»Lass dir doch selber was Neues einfallen!«

»Hab ich schon: Zitronenhelfer!«

»Langweilig.«

»Zitrusaromafix.«

»Klingt nach einer Gewürzmischung.«

»Lustiger Luigi.«

»Lustiger Luigi? Spinnst du?«

»Wieso – die Personalisierung von Küchengeräten ist total angesagt. Und der Name ist individuell und hat einen hohen Wiedererkennungswert. Und er erinnert an das Land, in dem die Zitronen blühen. Und er ist auch poetisch. Und …«

»Schluss mit dem Unfug. Wir nennen es nicht ›Lustiger Luigi‹.«

»Ich hab's: Zitronen-Maker!«

»Aber er macht doch keine Zitronen!«

»Na und? Maker klingt immer gut. Guck dich nur mal um! Heißt ein Gerät Maker, ist der Erfolg schon vorprogrammiert.«
»Also gut: Zitronen-Maker.«
»Auf den Zitronen-Maker!«
»Der kein Maker ist.«
»Ist doch egal. Wir sind aber echte Maker.«
»Also gut. Auf den Zitronen-Maker!«

Nestbacklöffel, der

Was für ein hübscher, heimeliger Name. Der Nestbacklöffel besteht aus einem größeren und einem kleineren Haarsieb, die ineinandergelegt und mit einem Klemmring fixiert werden. Dazwischen legt man Kartoffelfäden oder Gemüsestreifen, um sie anschließend zu frittieren. Wenn alles gut läuft, kommt ein schickes Kartoffelnest heraus. Wenn es schlecht läuft, kommt gar nichts raus, sondern klebt am Sieb. Dann kann man das Nest doch einfacher aus Kartoffelpü formen.
Unverzichtbar für: den Nestbautrieb

Nudelholz, das

Kein Mensch, außer Männern, nennt das Nudelholz noch Nudelholz. Denn eigentlich ist die zwanzig bis vierzig Zentimeter lange Walze eine Teigrolle. Es wird auch Nudelwalker, Wellholz, Rollholz oder Wallholz genannt. Aber der Begriff Nudelholz ist unverzichtbar. Denn wie, bitte schön, sollten Männer sich Witze erzählen können, wenn es das Wort Nudelholz nicht

mehr gäbe? Gefühlte zwei Millionen Nudelholzwitze existieren auf der Welt, und immer wartet die Frau mit selbigem hinter der Tür auf ihren zechenden Gatten, um ihm eins überzubraten. Sowas von out!
Unverzichtbar für: den vorsintflutlichen Geschlechterkampf

Die Top 5 der Nudelholzwitze

Toni kommt gegen Morgen sternhagelvoll nach Hause und schleicht zum Kühlschrank. Als er sich umdreht, steht seine bessere Hälfte da, ein funkelnagelneues Nudelholz in der Hand.
»Das hab ich gern«, schimpft Toni, »kein Bier im Haus und du kaufst Möbel.«

Hannes kommt Sonntagabend ziemlich spät heim. Inge, seine Frau, stellt ihn zur Rede, und er gibt vor, auf der Rennbahn gewesen zu sein. Das beruhigt Inge fürs Erste, sie geht in die Küche. Doch plötzlich kehrt sie zurück und brät ihm eins mit dem Nudelholz über.
»Aua! Wofür war das denn?«
»Für den Zettel in der Jackentasche mit dem Namen Sandra!«
»Aber Schatz, das ist doch der Name des Pferdes, auf das ich gesetzt habe.«
»Oh«, sagt Inge, entschuldigt sich und verarztet ihn.
Am nächsten Tag kommt Hannes von der Arbeit

nach Hause, er spürt einen dumpfen Schlag und bricht besinnungslos zusammen. Als er wieder zu sich kommt, sieht er Inge mit der Bratpfanne vor sich stehen und fragt benebelt: »Was sollte das denn nun schon wieder?«
Darauf sie: »Dein Pferd hat heute Nachmittag angerufen und nach dir gefragt!«

Karl kommt spätnachts sturzbetrunken heim. Seine Gattin stürzt ihm im Flur entgegen, wutentbrannt das Nudelholz schwingend.
»Nanu«, sagt Karl überrascht, »so spät noch beim Backen?«

Ein Mann stürmt auf die Polizeiwache. »Verhaften Sie mich!!! Ich habe meiner Frau ein Nudelholz über den Kopf gehauen!«
»Um Gottes willen! Ist sie tot?«
»Nein, aber sie muss jeden Moment hier sein!«

Zwei Angler treffen sich, sagt der eine: »Niemand soll behaupten, meine Frau sei keine tüchtige Hausfrau. Wenn ich nachts vom Angeln nach Hause komme, hat sie immer noch das Nudelholz in der Hand.«

Nudelmaschine, die

Hausgemachte Nudeln sind in jeder Trattoria der Renner. Dass dabei oft verschwiegen wird, dass es nicht das eigene Haus ist, in dem die Nudeln her-

gestellt werden, ist nicht so wichtig. Jedenfalls: Wer als Hobbykoch etwas auf sich hält, kauft sich eine Nudelmaschine als Garant dafür, dass man zu Mama Pasta mutiert und jede Woche handgemachte Ravioli serviert. Es gibt mechanische Nudelmaschinen, mit denen man den gekneteten Teig ausrollen und schneiden kann, und elektrische Geräte, die vom Kneten bis zum Ausrollen und Formen alles machen. Außer sich selber reinigen. Egal wie: Es ist ein Wahnsinnsaufwand. Aber wer es kann, ist König Canneloni.
Unverzichtbar für: la dolce vita

Nudeltimer, der

Wer keine Kacheln an der Küchenwand hat, gegen die er die Nudel zur Garprobe schmeißen kann, dem kann mit einem Nudeltimer geholfen werden. Dieser funktioniert nach dem gleichen Prinzip wie das ☞ *Piep-Ei*. Es handelt sich um eine Kunststofffigur mit eingebautem Temperatursensor und einem Melodiengenerator. Die Figur wird mit den Nudeln ins kochende Wasser geschmissen und gibt nach Ablauf nudeltypischer Zeiten ein Signal in Form von verschiedenen Melodien von sich. Anders als beim eiförmigen Piep-Ei handelt es sich beim Nudeltimer um die Figur eines sonnenbebrillten Hutträgers mit Anzug, dessen Füße in einem Betonklotz stecken. Es gibt ihn in zwei Varianten: als Mafioso »Al dente«, der italienische Arien nach fünf, sieben und neun Minuten von sich gibt, und als Nudel-Erich in Knallrot, der sozialistisches Liedgut schmettert. Da einen auch der Nudeltimer nicht um eine Garprobe bringt, handelt es sich hierbei um einen Vertreter

der Gattung »originelle Geschenkidee«, oder anders ausgedrückt: Kram, den wirklich niemand braucht. Aber Sachen zu besitzen, die man nicht braucht, ist ja wohl der Inbegriff von Luxus! Und Luxus ist immer ein Must-Have.
Unverzichtbar für: Versenker

Nudeltrockner, der

Der Nudeltrockner erinnert an eine Miniatur-Garderobe. Er ist ein schlichtes Holzgestell, auf das man die handgedrechselten Tagliatelle hängt. Ist viel praktischer, als sie auf den Wäscheständer oder über die Stuhllehnen zu legen. Wer seine Nudelmaschine tatsächlich benutzt, wird also um einen Nudeltrockner nicht herumkommen.
Unverzichtbar für: Hängepartien

Olivenentkerner, der

Ein Olivenkernweitspuckwettbewerb im Esszimmer bringt nur den halben Spaß. Denn die andere Hälfte des Vergnügens geht beim anschließenden Wiederaufsammeln der Kerne verloren. Deshalb gibt es den Olivenentkerner, auch Olivenentsteiner genannt. Sieht ähnlich aus wie die Lochzange eines Bahnschaffners und macht ähnlich viel Spaß wie Fahrkartenentwerten. Wenn man einen Kirschentkerner hat, kann man auch den für Oliven benutzen. Oder man setzt auf die Fernsehkoch-Brachialmethode: Mit einer Tasse auf die Olive kloppen, bis das Fruchtfleisch aufplatzt und man den Kern entnehmen kann. Noch cleverere Zeitgenossen kaufen entsteinte Oliven. Sonst müssen sie lochen, was das Zeug hält.

Unverzichtbar für: Eisenbahnfans, die als Kinder Mitglied im Pfiff-Club waren und ein nostalgisches Schaffnerfeeling heraufbeschwören wollen

Olivenlöffel, der

Man könnte in der Besteckschublade glatt ein bisschen den Überblick verlieren über die verschiedenen Löffel und ihre Kernkompetenzen. Wenn man aber weder den Löffel mit einem formschönen Klebeetikett versehen noch mit wasserfestem Stift den entsprechenden Namen daraufschreiben will, dann kaufe man sich einen Olivenlöffel. Der hat wenigstens charakteristische Löcher in der Löffelschale, damit die Einlegesuppe beim Rausholen der Oliven aus dem Glas gleich ablaufen kann.
Unverzichtbar für: Leute, die gern im Trüben fischen

Ölsprayer, der

Der Ölsprayer ist kein Graffitikünstler, der mit Ölfarben hantiert. Der Ölsprayer ist wie der Balsamico- oder Essigsprayer eine Flasche mit Pumpe und Zerstäuber, in die Öl eingefüllt wird zwecks hauchdünnem Benetzen von Salatblättchen oder Tomatenscheiben. Die Idee ist gut, die Umsetzung oft nicht. Denn das mit dem Zerstäuben klappt bei den meisten Ölen nicht besonders. Aber das ist nicht schlimm, denn nach kurzer Zeit verklebt die Düse des Ölsprayers sowieso. Und dann kann man das Öl gleich ganz weglassen. Spart noch mehr Kalorien!
Unverzichtbar für: alle, die ihr Fett wegkriegen wollen

Orangenschäler, der

Die Fülle an Orangenschälerdesigns ist überwältigend. Es gibt sie als schuhanzieherartigen Löffel, als ergonomisch geformte Edelstahlklinge, als gewitzten Plastikbiber und in knallbunter Schneckenform. Was ganz besonders toll ist, denn dann fällt der Orangenschäler zwischen den anderen ☞ *Schubladenverstopfern* sofort ins Auge!
Unverzichtbar für: Apfelsinenkistenliebhaber

Orangenschälmaschine, die

Die bis dato stiefmütterlich behandelte Schwester der ☞ *Apfelschälmaschine*. Funktioniert nach dem gleichen Drehspieß-Kurbel-Messer-System und ist wirklich spitzenmäßig! Wer noch nie eine schneeweiße Orange gesehen hat, der muss sich die Orangenschälmaschine zulegen – denn diese schält bei richtiger Größe der Apfelsine nur die orangefarbene Schale ab, lässt aber die weiße Unterschicht dran. Äußerst dekorativ! Außer natürlich, man will die Orange essen.
Unverzichtbar für: die Bereitstellung von Wurfmaterial für eine Schneeballersatzschlacht in einem verregneten Winter

Die bescheuertsten Werbesprüche für Küchengeräte

1. Mit einer Hand zum weißen Wunder (über das Einhandmehlsieb)
2. Tauchen Sie ein, was immer Ihnen schmeckt! (Über den Schokobrunnen)

3. Genüsslich kurbeln, statt mühevoll schälen (über die Orangenschälmaschine von Rosenstein & Söhne)
4. Revolution in Design (über den Kartoffelstampfer der Firma Zwilling)
5. Wie eine neapolitanische Mama (über den Spaghettitester von Pott)
6. Statt langweilig und fad voller Geschmack und zart! (Über den »9 Minute Marinator«)

Paninimaker, der

Panini sind italienische Sandwiches. Charakteristisch für Panini ist ein Muster aus Röststreifen auf der Außenseite des Brotes. Dementsprechend handelt es sich bei dem Paninimaker um einen Tischgrill mit Rillen, den man auch für Fleisch, Fisch und Gemüse benutzen könnte, gäbe es dafür nicht bereits einen Spezialgrill.

Unverzichtbar für: la bella cucina

Pariserlöffel, der

Siehe ☞ *Kugelausstecher*

Parisienneausstecher, der

Parisienne (französisch für Pariserin) nennt man eine ovale, geriffelte Form für Gemüse. Ein Parisienneausstecher sieht also aus wie ein ovaler Kugelausstecher. Es gibt ein nach ihm benanntes Kartoffelgericht, die sogenannten »Pommes Parisienne«.

Unverzichtbar für: Angeberkartoffeln

Parmesanbrecher, der

Ein keilförmiges Messerlein an einem Griff. Dringend benötigtes Utensil, wenn man mal wieder einen Laib Parmesan aus der Vorratskammer gerollt hat und sich ein mundgerechtes Stück abtrennen möchte, das nur ja keine geraden Schnittränder aufweisen darf.
Unverzichtbar für: Mitglieder der Toskana-Fraktion, die ihren Parmigiano vorzugsweise in kruden Brocken verspeisen

Parmesanreibe (elektrisch), die

Käseflöckchen auf Knopfdruck versprechen die elektrischen Parmesanreiben. Sie sind meistens akkubetrieben, damit man sie ohne lästiges Stromkabel am Tisch in Aktion versetzen kann. Eine tolle Idee! Man muss sie nur einen Tag vor dem Essen ans Netz hängen, da die Ladezeit bis zu fünfzehn Stunden beträgt. Dieser Energieverbrauch für ein paar Käsespäne ist aber keineswegs übertrieben. Denn die Parmesanreibe hilft, enorme Kosten im Gesundheitswesen einzusparen! Das Auseinandernehmen und Zusammenbauen der Maschinen ist wie Gehirnjogging und schult gleichzeitig die Feinmotorik. Das beugt Demenz vor und hält fit bis ins hohe Alter! Außerdem erinnert das laute Surren mancher Geräte an einen Zahnarztbohrer. So vergisst man auch nie mehr den jährlichen Kontrolltermin beim Dentisten.
Unverzichtbar für: die Volksgesundheit

Passiergerät, das

Siehe ☞ *Flotte Lotte*

Passiermühle, die
Siehe ☞ *Flotte Lotte*

Pastakocher, der

Ein äußerst wertvolles elektrisches Küchengerät. Denn es kocht Nudeln. Wenn man Wasser eingefüllt, Salz und Nudeln hinzugefügt hat, muss man das Gerät nur noch programmieren, dann macht es den Rest von ganz allein: senkt die Nudeln ins sprudelnde Wasser, rührt um und holt sie anschließend wieder aus der Versenkung. So kann man die acht Minuten Garzeit der Spaghetti endlich einmal sinnvoll verbringen! Und das Feuilleton der FAZ studieren, die Steuererklärung machen oder einfach eine Runde Eierschaukeln. Super!

Unverzichtbar für: topflose Küchen

Pellkartoffelgabel, die

Um heiße Kartoffeln nicht fallen zu lassen, gibt es die Pellkartoffelgabel. Eine kleine Gabel mit in Dreiecksform angeordneten Zinken zum Festhalten der gerade gekochten Knolle zwecks Entfernen der Schale. Man könnte dafür auch eine Kuchengabel nehmen, aber dabei brechen besonders die dicksten Kartoffeln gern mal auseinander.

Unverzichtbar für: die dümmsten Bauern

Perlausstecher, der
Siehe ☞ *Kugelausstecher*

Pfeffermühle (elektrisch, mit Beleuchtung), die

Die Wichtigkeit dieses Küchengeräts ist gar nicht hoch genug einzuschätzen! Wie oft steht man bei Stromausfall in der Küche und ärgert sich, weil man nicht genau weiß, wie viel Pfeffer denn nun schon im Pfifferlingsragout drin ist! Da hilft nur die batteriebetriebene beleuchtete Pfeffermühle. Auch wenn man gerade mal keine Taschenlampe zur Hand hat, kann dieses Gerät Leben retten! Sollte in jedem Survival-Kit vorhanden sein.

Unverzichtbar für: jeden, der allzeit bereit sein will

Pfeifkessel, der

Der gute alte Pfeifkessel ist über den elektrischen Wasserkocher schon fast in Vergessenheit geraten und ein Anwärter auf die *Rote Liste der vom Aussterben bedrohten Küchengeräte.* Dabei ist er nicht nur formschön und praktisch, sondern auch gut für das Ego. Wenn einem niemand mehr auf der Straße hinterherpfeift, so hält einem doch der Pfeifkessel die Treue. Da kann man in Jogginghose und mit fettigen Haaren aufkreuzen, der Pfeifkessel tut, was er kann: Er pfeift! Und dann weiß man, dass man immer noch attraktiv ist. Und dass man sich darauf jetzt eine schöne Tasse Tee genehmigen kann.

Unverzichtbar für: die besten Jahre

Pflaumenentsteiner, der

Wer sich ärgert, dass er keinen Grund für den Kauf eines Pflaumenentsteiners hat, der schaffe sich einen Garten an. Denn, so sagt der Chinese, das Leben beginnt mit dem Tag, an dem man einen Garten anlegt.

Und das Leben mit einem Pflaumenentsteiner beginnt mit dem Pflanzen eines Pflaumenbaums. Denn wer einmal einen Eimer Pflaumen mit dem Küchenmesser entkernt hat, wird sich dankbar auf einen solchen Entsteiner stürzen. Es gibt zangenähnliche Handgeräte und mechanische Automaten aus Kunststoff, ähnlich dem ☞ *Kirschentkerner*. Die sind oft nicht wirklich strapazierfähig, aber Pflaumenernte ist ja auch nur einmal im Jahr.
Unverzichtbar für: den Pflaumen-August

Piep-Ei, das

Das ist ja wohl die Härte! Ein Kunststoff-Ei zum Mitkochen, das ähnlich wie der ☞ *Nudeltimer* funktioniert und den Garzustand der Eier mittels Temperatursensor und Zeiterfassung durch Abspielen einer Melodie kundtut. Jeder Weichheitsgrad hat seine eigene Melodie. So weiß der Wartende, wann er sein Ei herausholen muss. Wenn er genau aufpasst. Denn die drei Melodien werden jeweils dreimal in einigem Abstand gespielt. Also muss man sich gut merken, wie oft die eigene Erkennungsmusik schon gelaufen ist. Das kann im Röcheln der Kaffeemaschine und dem Zanken der Kinder auch schon mal untergehen. Ein schrilles Klingeln von der Eieruhr dagegen ist unmissverständlich. Aber lange nicht so hübsch wie »Killing me softly« im Elektrosound.
Unverzichtbar für: Kapellmeister

Pizzadom, der

Der Pizzadom hat den Kampf aufgenommen gegen die alteingesessenen Geräte für kollektive Kocherleb-

nisse: ☞ *Raclette-Ofen* und ☞ *Fondue-Set*. Um ihnen den Rang abzulaufen, trumpft der Pizzadom mit pseudoitalienischem Ambiente auf. Er ist ein Ofen mit einer Kuppel aus Ton mit vier seitlichen Öffnungen, die ähnlich geformt sind wie die eines Steinbackofens. Aus Teig, Tomatensoße und Wunschbelag bastelt sich jeder Beteiligte seine Wunschpizza und schiebt sie in den jeweils zugewiesenen Ofeneingang. Aufbau und Reinigung sind natürlich aufwendig. Aber das ist nicht schlimm, denn das vergisst man in dem Jahr, das vergeht, bis man den Pizzadom wieder aus dem Keller nach oben schleppt.
Unverzichtbar für: den italophilen Freundeskreis

Pizza-Ofen, der

Unter dem Namen Pizza-Ofen firmieren diverse elektrische Kleinbacköfen speziell für Pizza. Manche erinnern an großgeratene Waffeleisen, andere sehen fast so aus wie ein echter Steinbackofen – nur eben aus billigem Plastik. Mit entsprechender Haltbarkeit. Das Schöne daran ist, dass in die Pizza-Öfen immer nur genau eine Pizza hineinpasst. Da muss man sich von vornherein keine Gedanken machen über lästige Mitesser.
Unverzichtbar für: Egomanen

Pizzarad, das

Unermüdlich dreht sich das Pizzarad, auch genannt Teigrad. Eine kreisförmige Klinge an einem Griff, mit der sich die Pizza genauso gut schneiden lässt wie mit einem richtigen Messer. Falls man eines der billigen Pizzaräder erwischt hat, die stumpf sind oder eiern

oder beides, klappt das mit dem Schneiden natürlich nicht so gut. In dem Fall wäre auch das Pizzarad nur ein ☞ *Schubladenverstopfer*. Falls es aber funktioniert, ist das Pizzarad toll. Denn damit kann man nicht nur gerade schneiden, sondern auch lustige Achten oder andere Formen herausarbeiten.
Unverzichtbar für: Pizza in Sternform

Pizzaschere, die

Die Alternative zum Pizzarad. Oder zum normalen Messer. Eine normale große Haushaltsschere würde es auch tun, aber natürlich gibt es spezielle Pizzascheren, die mit gebogenen Scherenblättern aufwarten, damit man das Backblech nicht zerkratzt.
Unverzichtbar für: den Scherenschnitt

Pizzastein, der

Nur die Pizza aus dem Steinbackofen ist eine richtige Pizza, weiß der Feinschmecker. Da es manchen Kleingeistern aber nicht behagt, ihre Einbauküche um einen solchen gemauerten Ofen zu erweitern und dafür auf Kühlschrank und Spülmaschine zu verzichten, gibt es den Pizzastein für den normalen Backofen. Manche kaufen sich einfach einen Schamottestein, mit dem man auch Kaminöfen kachelt, andere setzen auf Steine, die das offizielle Etikett »Pizzastein« tragen. Egal wie – man legt das Ding in den Ofen, heizt ihm eine Stunde volle Pulle ein, damit es die richtige Temperatur hat, legt die Pizza direkt auf den Stein, wartet ein paar Minuten, fertig.
Unverzichtbar für: Pizza-Junkies

Poffertjesmaker, der

Sieht aus wie ein ☞ *Crêpemaker*, nur dass in die Backplatte kleine runde Vertiefungen eingelassen sind, die die typisch holländische Poffertjesform haben. Poffertjes sind winzige Pfannkuchen vom Durchmesser einer Tulpenblüte. Wer also neben dem Crêpemaker noch einen Platz frei hat im Kellerregal, der muss sich im Sinne der europäischen Gemeinschaft noch einen Poffertjesmaker zulegen!

Unverzichtbar für: Holzpantinenträger

Polentakocher, der

Polenta ist nicht etwa die italienische Polizei, sondern ein Maisgrieß, der besonders in Norditalien, aber auch in der Schweiz sehr gern gegessen wird. Das Polentakochen ist ähnlich wie die Risottozubereitung hauptsächlich eine Rührangelegenheit, da der Maisgrieß bis zu einer Stunde köcheln muss, dabei aber leicht ansetzt und gleichzeitig für den Koch die Gefahr besteht, von wild herumspritzenden Grießtropfen verbrannt zu werden. Deswegen muss der dicke Brei dauernd in die gleiche Richtung gerührt werden. Dafür gibt es in der Schweiz einen extra Polentakocher: Das ist ein Kupferkessel mit einem Rührwerkaufsatz, der nach dem Schweizer Motto »In der Ruhe liegt die Kraft« den Maisgrieß gaaaanz langsam, aber beständig umrührt. Für ungeduldigere Menschen gibt es vorgekochten Maisgrieß, der schon in wenigen Minuten fertig ist – der echte Polentoni aber rümpft darüber nur empört die Nase.

Unverzichtbar für: Instantgegner

Pommesschneider, der

Ein Gerät, mit dem man ganze Kartoffeln zu Stiften verarbeiten kann, indem man die Knolle durch ein Gitter aus Messern drückt. Je nach Gerät muss man Muckis haben wie ein Seewolf, um die ganze Kartoffel hindurchzukriegen. So dient das Gerät gleichzeitig als Hometrainer!
Unverzichtbar für: Kraftmeier

Popcornmaschine, die

Man könnte einen Topf auf den Herd stellen, Maiskörner hineinwerfen und diese erhitzen, bis sie platzen. Aber das ist natürlich viel zu einfach, wenn man das doch auch in einer echten Popcornmaschine machen kann. Es gibt sie in verschiedensten Ausführungen, sogar im Nostalgie-Lichtspielhaus-Outfit. Für das richtige Heimkino-Ambiente kann man sich so stilvoll einen Wäschekorb Popcorn fabrizieren und stört auch niemanden mit seinem Geknurpsel.
Unverzichtbar für: Couch-Potatoes

Portweinzange, die

Ein phantastisches Stück aus der Abteilung »Gehobene Trinkkultur & Angebereien aller Art«. Eine echte Alternative zum ☞ *Champagnersäbel*, denn auch mit der Portweinzange lassen sich Flaschen auf spektakuläre Art öffnen! Wenn der Korkenzieher versagt, weil der Korken zu fest sitzt oder zu bröselig ist, oder wenn man einfach mal ein bisschen Bohei machen will, dann greift man zur Portweinzange: eine Eisenzange an zwei Holzgriffen mit flaschenhalsgroßer Schlaufe am Ende. Jetzt entfacht man ein hübsches

Feuer im offenen Kamin, bringt die Portweinzange darin zum Glühen und legt sie um den Flaschenhals. Dann greift man sich ein feuchtes Tuch, um damit die Stelle abzukühlen – der Temperatursturz lässt das Glas zerspringen. Jetzt muss man nur noch eventuelle Glassplitter aus dem Getränk filtern, und schon kann man sich unter tosendem Beifall des Publikums einen genehmigen.
Unverzichtbar für: Möchtegern-Magier

Probierlöffelgabel, die

Darauf hat die Welt lange gewartet! Die Probierlöffelgabel ist ein Löffel mit Zinken. Damit kann man sowohl Soße als auch Gemüse oder Käse oder Fleischhappen oder Fisch oder sonst was probieren! Und das auch noch gleichzeitig! Ist das nicht unglaublich?! Wer hat denn schon immer Löffel und Gabel zur Hand? Niemand! Und schon gar nicht in der Küche! Also, her damit!
Unverzichtbar für: Simultanverkoster

Puderzuckermühle, die

Ein Kunststoffgehäuse mit Mahlwerk zum Pulverisieren von Puderzucker. Könnte man auch mit einem Haarsieb und einem Teelöffel machen. Ist aber natürlich nicht so schick. Findige Zuckerhersteller bieten ihren Puderzucker mittlerweile auch direkt mit Streu- oder Mahlfunktion an – in der Einwegverpackung. Ist aber natürlich teurer.
Unverzichtbar für: die stilvolle Waffelbestäubung

Kulinarkauderwelsch III

KÜCHENCHEF
Lehrling, du musst endlich parieren!

Der Lehrling kommt atemlos angerannt und stellt sich stramm vor dem Küchenchef auf.

KÜCHENCHEF
Brauchst du wieder eine Extraeinladung, oder was? Du sollst parieren!

Der Lehrling steht einen Moment unschlüssig da, dann schlägt er die Hacken zusammen und salutiert.

KÜCHENCHEF
Was soll der Mist?

LEHRLING
Wieso? Ich pariere doch!

KÜCHENCHEF
Mon Dieu! Parieren heißt, das Fleisch zum Braten vorbereiten. Es in Stücke schneiden und von Fett und Sehnen befreien!

LEHRLING
Aber warum sagen Sie das nicht gleich?

KÜCHENCHEF
Aus dir wird nie etwas!

Unverzichtbare überflüssige Küchengeräte R–T

Raclette-Ofen, Rechaud, Reiskocher, Reiskugel, Rettichschneider, Risottolöffel, Römertopf, Rührblitz, Rührfix, Saftpresse, Sahnesiphon, Salamander, Sandwichmaker, Sauerkrautgabel, Sauteuse, Schinkenbock, Schneckengabel, Schneckenpfanne, Schneckenzange, Schneebesen, Schneidehilfe, Schnellkochtopf, Schokoladenbrunnen, Schüsselhalter, Servierring, Setzeierförmchen, Silikonbackform, Simmertopf, singendes Ei, Slow-Cooker, Smoothie-Maker, Snackgabel, Sodamaker, Sodasiphon, Spaghettitester, Spargelheber, Spargelliege, Spargelschäler, Spargelzange, Spätzlepresse, Spicknadel, Spiegeleiform, Spiralentsafter, Spiralschneider, Spritzbeutel, Sprossenzuchtgerät, Stahlsicherheitshandschuh, Standmixer, Suppenterrine, Tauchsieder, Teemaschine, Tellerbesen, Tellerwärmer, Teppanyaki-Grill, Thermomix, Thüringer Kloßpresse, Tischabfalleimer, Tischgrill (elektrisch), Tomatenstrunkentferner, Tortenhebeblech, Tortillamaker, Tortillapresse, Tourniermesser

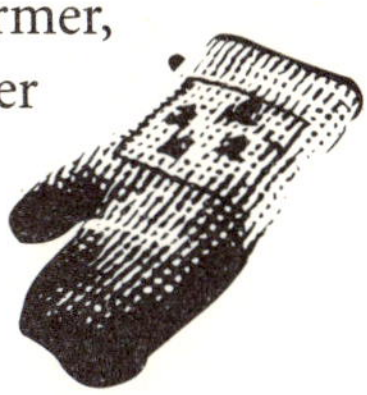

Raclette-Ofen, der

Gehört wie das ☞ *Fondue-Set* zu den Einmal-im-Jahr-Geräten.

Raclette ist eine Erfindung des Käselandes Schweiz. Der Begriff kommt von dem französischen Wort »racler«, was auf Deutsch »schaben« bedeutet. Denn bei der Originalzubereitung sitzt man natürlich nicht um einen elektrischen Tischofen herum und versucht, ein mit Gemüse und Schinken und Käse völlig überladenes Teflonpfännchen unter eine Heizspirale zu schieben, ohne dass der Käse sofort am rotglühenden Draht verbrutzelt. Nein, bei der Originalzubereitung der Schweizer aus dem Kanton Wallis, die bereits vor mehr als vierhundert Jahren erdacht wurde, wird ein halber Käselaib am offenen Feuer erhitzt und die jeweils oberste Schicht, sobald sie geschmolzen ist, abgeschabt. Heute gibt es auch für diese Raclette-Art ein elektrisches Gerät, wobei der halbierte Käse von einem Greifarm fixiert und mit der Schnittfläche unter einen Heizkörper geschoben wird, so dass man pausenlos die weiche Masse abkratzen kann. Ist irgendwie stilvoller, aber hierzulande wenig bekannt. Der Deutsche liebt Raclette in der Pfännchen-Variante, die in den 1980ern zum Gesellschaftsvergnügen avancierte, besonders wenn man einen Preis für das höchstgestapelte Pfännchen auslobte.

Unverzichtbar für: den Turmbau zu Basel

Rechaud, der

Französisches Küchenvokabular unterscheidet den nach höheren Weihen strebenden Hobbykoch vom

gemeinen Kochlöffelschwinger. »Réchauffer« heißt auf Französisch »wieder aufwärmen, aufheizen«. Deswegen bitte merken: Ein Rechaud ist ein kleiner Tischkocher, der mit Brennspiritus, Gas oder Brennpaste betrieben wird. Man braucht ihn zum Beispiel für ein Fondue. Ebenfalls als Rechaud bezeichnet werden Warmhalteplatten und Speisenwärmer in der Gastronomie.
Unverzichtbar für: la cuisine bourgeoise

Reiskocher, der

Der Reiskocher kocht nicht nur Reis, sondern hält ihn auch warm. Da der Asiat traditionell zu jeder Zeit des Tages Reis mampft und auch nicht immer einen Herd zur Hand hat, ist für ihn der Reiskocher das wohl wichtigste elektrische Küchengerät. Auch in Deutschland ist asiatisches Essen schwer angesagt, denn es ist lecker, leicht und supergesund. Man muss sich nur einen kleinen Ruck geben, um das Honigbrötchen am morgen gegen eine Schale Reis mit scharfem Fisch einzutauschen, mittags Reis mit Hähnchen süß-sauer und abends Reis mit Shrimps zu essen – und schon lohnt sich die Anschaffung eines Reiskochers total! Alle anderen können ihn auch weiterhin im Topf garen.
Unverzichtbar für: alle, denen es nicht egal ist, wenn in China ein Sack Reis umfällt

Reiskugel, die

Eine formschöne durchlöcherte Tauchglocke aus Edelstahl für den anspruchsvollen Reis von heute. Ähnlich wie ein Tee-Ei. Nur größer. Man füllt Reis

hinein, hängt die Kugel ins kochende Wasser und holt sie am Ende der Garzeit wieder heraus. Ist also eine Art protziger Reisbeutel. Vier Portionen passen hinein – und nicht mehr, sonst fällt beim Öffnen der Kugel die Hälfte heraus. Und eine Garprobe kann man auch nicht machen. Aber die Reiskugel ist todschick!
Unverzichtbar für: Freunde des Show-Kochens

Rettichschneider, der

In Bayern auch genannt »Radischneider«. Denn Radi, also Rettich, darf wie eine Maß Bier bei keiner zünftigen bayerischen Brotzeit fehlen. Dazu wird die Wurzel in hauchdünne, aber noch zusammenhängende Scheiben oder – und das ist die hohe Kunst des Rettichschnitts – in eine Art Ziehharmonika geschnitten. Anschließend wird der Rettich gesalzen und ziehen gelassen, bis Wasser austritt, er also weint, wie der Bayer sagt. Da aber nicht jeder Biergartenkoch mit Migrationshintergrund (Preußen) weiß, wie er für den filigranen Schnitt die Klinge zu schwingen hat, gibt es ein technisches Hilfswerk. Der Rettichschneider ist dabei nichts anderes als ein spezieller ☞ *Spiralschneider*, der auch für weniger folkloristisches Gemüse benutzt werden könnte. Aber dann könnte man den Rettich auch gleich mit dem Gurkenhobel bearbeiten. Und bei so einer entwürdigenden Behandlung heult er dann aber richtig.
Unverzichtbar für: Brez'n, Leberkäs & Obatzda

Risottolöffel, der

Manche Hersteller verkaufen Kochlöffel mit Loch als Risottolöffel, andere machen mit Hilfe dieser

Bezeichnung aus einem normalen Servierlöffel ein Spezialwerkzeug.
Dem Reis ist's vermutlich schnuppe, womit er gedreht beziehungsweise serviert wird, aber nicht so dem Maestro mit Sinn für Ästhetik, der schließlich mit rührender Ausdauer den Reis in eine cremige Masse verwandelt. Für ihn ist die Wahl des richtigen Instruments keine Nebensache, sondern Bestandteil des Kochvorgangs. Und das sollte man respektieren.
Unverzichtbar für: Risibisi

Römertopf, der

Eine Art Auflaufform mit Deckel aus Ton, in dem die Lebensmittel im eigenen Saft schmoren. Eine uralte Idee. Schon die frühzeitlichen Jäger umhüllten ihre Beute mit Mutterboden, um das Fleisch im offenen Feuer zu brutzeln. Eine Garmethode, die auch das fahrende Völkchen der Zigeuner früher praktizierte, indem sie Igel in Lehm backten, was praktisch war, weil gemeinsam mit der Lehmkruste die Stacheln abfielen. Die alten Römer bevorzugten die weniger matschige Variante und verwendeten hübsch geformte Tontöpfe. In Deutschland kam der Römertopf in den 1970ern groß raus, als man anfing, sich über die Folgen der üppigen Wirtschaftswunderjahre Gedanken zu machen. Fettsparen war plötzlich angesagt. Und das geht im Römertopf, weil der Eigengeschmack der Lebensmittel darin so gut zur Geltung kommt. Jedenfalls solange man darin vorher keinen Fisch zubereitet hat. Dann kann es nämlich sein, dass auch der Hackbraten mit Fischaroma aus dem Topf kommt. Irgendwann gegen Ende der 1980er ist der Römer-

topf dann wieder in der Versenkung verschwunden und wäre sogar ein Anwärter auf die *Rote Liste der vom Aussterben bedrohten Küchengeräte*, wenn er sich nicht einen kleinen, aber treuen Anhängerkreis geschaffen hätte. Falls man seinen Römertopf also aufs Altenteil in den Keller geschickt hat, wäre es an der Zeit, ihn mal wieder hervorzuholen. Und wenn man in ihm nicht kocht, dann kann man ihn immerhin noch als Brotkasten benutzen.
Unverzichtbar für: Reminiszenz an die gute alte Zeit, als man in Schlaghosen vor der Lavalampe hockte

Rührblitz, der

Eine neuere Variante des ☞ *Schneebesens*, bei der die Drähte nicht schlaufenförmig am Griff befestigt sind, sondern eine kleine schwere Kugel am Ende jeden Drahtes aufweisen. Die Kugeln werden beim Rühren in Schwingung versetzt und schlagen so die flüssige Masse auf. Und wenn man den Rührblitz einfach nur schlenkert, ist er ein hübsches Rhythmusgerät und die ideale Ergänzung zum Duett aus ☞ *Eierschneider* und ☞ *Käseharfe.*
Unverzichtbar für: die Sambaküche

Rührfix, der

Ein vorsintflutliches Gerät zum Sahne- und Eischneeschlagen. Eine Rührschüssel mit Deckel, in den zwei Quirle eingebaut sind, die mit einer Handkurbel gedreht werden. Auf dem Oberteil des Deckels thront eine Zitruspresse. Das Original, das 1931 erfunden wurde, besteht aus Glas (Rührschüssel) und Bakelit (Deckel). Heute gibt es zwar noch ein

Vollkunststoffreplikat im Handel, aber der Rührfix ist dennoch weitestgehend vom elektrischen Handmixer verdrängt und gehört deswegen auf die *Rote Liste der vom Aussterben bedrohten Küchengeräte.* Dabei ist er so putzig!

Unverzichtbar für: den Kaffeeklatsch bei Stromausfall

Saftpresse, die

Die Mutter aller Lebensverbesserungsgeräte! Unter Saftpresse werden all jene Geräte verstanden, die aus Obst und Gemüse die Flüssigkeit extrahieren. Was heißt Flüssigkeit? Lebenselixier würde besser passen für diesen Trunk, der einen mit allen Vitaminen und Mineralstoffen versorgt, die man so braucht, und vielleicht sogar ein bisschen mehr. Selbstgepresster Saft steht selbst bei Gemüsemuffeln ganz oben auf der Liste der beliebtesten Gesundheitsvorsorgemaßnahmen, noch vor »Sellerie statt Chips« und »öfter Gassi gehen mit dem inneren Schweinehund«. Denn was ist einfacher, als sich mal eben einen Haufen bioaktiver Substanzen hinter die Binde zu kippen? Wegen dieser einprägsamen Botschaft gehen Saftpressen weg wie warme Semmeln. Dabei gibt es im Wesentlichen zwei Untergruppen: Zitruspressen und Entsafter.

Zitruspresse, die

Zitruspressen rücken dem Namen nach jeder Zitrusfrucht zu Leibe, in Wirklichkeit sind die meisten jedoch nur auf Orangen spezialisiert. Vom Prinzip her arbeiten sie wie die einfachen ☞ *Zitronenpressen*, das heißt: Die halbe Frucht wird auf einen geriffelten Kegel gedrückt und mittels Drehung der Saft ausgepresst. Die meisten Zitruspressen ersparen einem das Drehen, indem sie den Kegel elektrisch rotieren lassen, was gut ist, denn für ein ganzes Glas Saft muss man schon mal ein Pfund Orangen pressen. Es gibt auch Hebel-Zitruspressen, die sauschwer sind und über einen halben Meter hoch, die aber super funktionieren, wenn man die Hängeschränke in der Küche abmontiert. Jetzt muss man im Supermarkt nur noch schnurstracks am Kühlregal mit den Direktsäften vorbeirauschen, dann hat man an seiner Zitruspresse helle Freude.

Unverzichtbar für: Fruchtfleischfreunde

Entsafter, der

Was für eine tolle Idee! Aus jeder Art Obst und Gemüse einen leckeren Saft machen und so endlich der Fünf-mal-am-Tag-Grünzeug-Forderung nachkommen können. Alles, was man dafür tun muss, ist Obst und Gemüse zu kaufen, es zu waschen oder zu schälen, eventuell kleinzuschneiden oder zu entkernen und in den Entsafter zu werfen, ein Glas darunterzustellen und den Saft abzuzapfen, anschließend sofort alle Einzelteile des Entsafters zu reinigen, weil sonst die Reste zu einer schimmeligen Betonkruste mutieren, die sich nur unter herkulesartiger Anstrengung entfernen lässt. Genial!

Unverzichtbar für: Weizengrassaft-Anhänger

Sahnesiphon, der

Auch Sahnebereiter, Sahnespender, Sahnefix oder Sahnefee genannt. Flüssige Sahne wird in den Siphon gefüllt und mit Hilfe von Distickstoffmonoxid zu einem Traum von Schaum aufgepumpt. Der Sahnesiphon war wegen der starken Konkurrenz durch den Handmixer zeitweilig total abgemeldet und als Alte-Omma-Gerät verschrien, erlebt derzeit aber wegen des Molekularküchentrends (siehe ☞ *Espuma-Sprayer*) ein grandioses Comeback und ist zudem wegen des Lachgases in den Patronen auch bei der jungen Generation schwachsinniger Partypeople beliebt. Wenn die pubertierende Brut also plötzlich gesteigertes Interesse an diesem Küchengerät zeigt und alle dazugehörigen Kapseln an einem Wochenende verballert, liegt es vermutlich nicht daran, dass sie sich einen Apfelkuchen gebacken hat. Generell braucht der Sahnesiphon (genau wie der Nachwuchs) einiges an Aufmerksamkeit. Seine Gummidichtung will regelmäßig geschmiert werden, dauernd braucht er neue Kartuschen und zudem besteht er vor Dienstbeginn darauf, gekühlt und geschüttelt zu werden, und selbst dann kann es sein, dass die Sahne nicht so stabil wird, wie sie sein sollte. Insgesamt also ein eher mimosenhaftes Gerät, mit dem man nur eine ernsthafte Beziehung eingehen kann. Nichts für One-Cream-Stands!

Unverzichtbar für: Trendfood

Berühmte letzte Worte:

»Nein, *ich* schaffe mehr Lachgaskapseln als du.«

Salamander, der

In der Küchenfauna ist auch der Salamander zu finden. Dabei handelt es sich nicht um eine absonderliche Rezeptur zur Zubereitung von Schwanzlurchen, sondern um einen Grillofen mit Infrarotheizkörper zum kurzen Warmhalten, aber auch zum Gratinieren oder Karamellisieren. Als es noch nicht die Segnungen der Elektrizität gab, machte man das mit einem Brenneisen, das in der Glut erhitzt und über die Speisen gehalten wurde. Der Küchen-Salamander verdankt seinen Namen tatsächlich dem Lurch, von dem es in der Antike hieß, er könne im Feuer überleben, und der deswegen auch in Esoterikkreisen als Elementarwesen des Feuers gilt. Der Küchen-Salamander wird meistens nur in der Gastronomie verwendet, verhilft aber auch der topausgestatteten Hobbyküche zu neuem Glanz.

Unverzichtbar für: den Homo electrodomesticos, der wirklich schon alles hat

Sandwichmaker, der

Eine ganze Generation wäre verloren, wenn es nicht den Sandwichmaker gäbe! In den 1990ern entwickelte sich der Sandwichmaker zum Modegerät Nummer eins. Butterbrot schmieren war out, Sandwich maken war in. Zumindest für ein, zwei Wochen. Dann konnte es schon mal passieren, dass man genug hatte von dreieckigem Toast. Oder den Sandwichmaker bereits in die ewigen Schnäppchenjagdgründe geschickt hatte: Denn bei so manchem Billiggerät verabschiedete sich nach kürzester Zeit die Antihaftbeschichtung und machte aus einem Toast Hawaii ein Toast Auwei mit Teflonbröseln. Aber wenn der Sandwichmaker nicht gestorben ist, dann lebt er noch heute in irgendeinem Kellerverlies.

Unverzichtbar für: Stullenverächter

Sauerkrautgabel, die

Obwohl die Zeiten, als neben dem Kohlenkeller ein Fass Sauerkraut stand, lange vorbei sind, gibt es heute noch zwei verschiedene Arten Sauerkrautgabeln im Handel. Manche sehen aus wie eine Salatbesteckschere mit gegenüberliegenden Löffel und Gabel. Die meisten aber sind einfach dreizinkige Holzgabeln von dreißig Zentimetern Länge.

Unverzichtbar für: juckende Stellen außer Reichweite der Hand

Sauteuse, die

Die Sauteuse ist ein Zwitterwesen, halb Topf, halb Pfanne. Ihren Namen verdankt sie dem französischen Wort »sauter«, was »springen« oder »hüpfen«

bedeutet. Und das deshalb, weil man in der Sauteuse kleingeschnittenes Gemüse oder Geschnetzeltes ganz kurz, aber sehr heiß brät (sautiert) und dabei zum Wenden und Mischen hochwirft. Man könnte also auch Schwenkpfanne dazu sagen. Tut man aber nicht, weil es auf Französisch so viel schicker klingt. Da wird doch der Hund in der Pfanne verrückt!
Unverzichtbar für: den Schwadroneur

Schinkenbock, der
Siehe ☞ *Jamonera*

Schneckengabel, die
Da ist die Schnecke glatt aus dem Häuschen! Schnecken futtern einem normalerweise den Salat im Garten weg. Der lukullisch unerschrockene Hobbygärtner rächt sich und delektiert sich seinerseits an den Schnecken. Da er sich allerdings eher selten an den FKK-Anhängern unter den Weichtieren gütlich tut, bleibt den Nacktschnecken das Schicksal erspart, mit Kräuterbutter überbacken und von einer Schneckengabel, einem schmalen zweizinkigen Exemplar, aufgespießt zu werden. Das bleibt in der Regel den Weinbergschnecken vorbehalten, die man mit diesem Gerät aus ihrem Gehäuse zieht. Wenn sie tot sind, freilich.
Unverzichtbar für: die Rache des Hobbygärtners I

Schneckenpfanne, die
Die Schneckenpfanne ist eine ofenfeste Auflaufform aus Gusseisen oder Porzellan mit runden Vertiefungen, die auch Augen genannt werden, weswegen

sie auch schon mal auf den Namen »Augenpfanne« hört. Sieht ähnlich aus wie eine ☞ *Dalkenpfanne* und wird von so manchem Anhänger der Crossover-Küche sowohl für süße Krapfen als auch für herzhafte Schnecken verwendet. In den Vertiefungen kann man den Schnecken eine hübsche letzte Ruhestätte bereiten.
Unverzichtbar für: die Rache des Hobbygärtners II

Schneckenzange, die

So mancher kennt die Schneckenzange aus dem Gartencenter, ein etwa dreißig Zentimeter langer, orangefarbener Plastikgreifer zum Absammeln von gefräßigem Getier auf den Gurken. Dieses ist allerdings kein von Gourmets anerkanntes Gerät für den Genuss des glitschigen Gaumenschmauses. Der Feinschmecker benutzt eine Schneckenzange aus Edelstahl mit elegant geschwungener ovaler Greiffläche, mit der er die heißen Schneckenhäuser packt, um mit der ☞ *Schneckengabel* das Weichtier aus seinem Domizil entfernen zu können.
Unverzichtbar für: die Rache des Hobbygärtners III

Schneebesen, der

Der Schneebesen ist unbestritten ein unverzichtbares Küchengerät, mit dem man flüssige Zutaten per Hand verquirlen kann. Er ist hier nur aufgeführt, um die erstaunliche Sammlung von verschiedenen Bezeichnungen des Schneebesens zu erwähnen. Denn er heißt auch Schaumschläger, Rühr-, Schlag-, Becher- oder Topfbesen. In Österreich wird er Schneerute und in der Schweiz Schwingbesen genannt. Und

Gastgebertricks

Schneckengabel, Schneckenpfanne und Schneckenzange bilden das infernalische Trio, das man immer im Haus haben sollte, um unliebsame Gäste loszuwerden. Falls mal wieder der gefräßige Schwager oder die mit viel Sitzfleisch ausgestattete Schwätzbacke von Nachbarin auftauchen sollten, braucht man nur die Schneckenausstattung herauszuholen und von der Lieferung wunderbar saftiger afrikanischer Riesenschnecken zu schwärmen, die man gleich entschleimen werde. Die Wahrscheinlichkeit ist sehr groß, dass bei den Gästen umgehend der Fluchtreflex einsetzt. Und wenn man dann noch ankündigt, bei ihrem nächsten Besuch Kutteln, Froschschenkel und die bei den Thais äußerste beliebte Durian (Stinkfrucht) anzubieten, ist man diese Gäste mit Sicherheit ein für alle Mal los.

in Holland Eierklopper! Das muss man erst einmal wissen!
Unverzichtbar für: doppeltes Halbwissen

Schneidehilfe, die

Es gibt kaum eine anspruchsvollere Aufgabe in der Küche als das Schneiden von Scheiben. Generationen von Köchen scheiterten bereits an der komplexen und höchst diffizilen Problemstellung: Der Braten kommt aus der Röhre und liegt in einem Batzen vor

einem. Was nun? Wie ist es möglich, einigermaßen gleichmäßige Stücke abzuschneiden? Einfach so? Zum Glück gibt es die Schneidehilfe. Oder auch Bratenzange genannt. Sie besitzt breite Griffflächen aus mehreren parallel nebeneinander angeordneten Edelstahlstangen. Damit packt man das Fleisch und muss nun nur noch das Messer durch die Stangen stecken und schneiden. Obacht! Nicht schräg einsetzen, sondern gerade! Dann ist es ein wunderbares Hilfsmittel für alle, die ihren Augen nicht trauen.
Unverzichtbar für: den Gleichschnitt

Schnellkochtopf, der

Oder: Die Methode, Knochen weichzukochen
Im Schnellkochtopf kann man, wie der Name schon sagt, schnell kochen. Er geht zurück auf eine Erfindung des französischen Physikers Denis Papin, der schon 1679 auf die Idee kam, dass in einem druckfest verschlossenen Topf höhere Temperaturen erreicht werden könnten, mit denen nicht nur die Garzeit verkürzt, sondern auch besonders harte und zähe Stoffe wie Sehnen und Knochen in hübsch schleimige Gallerte verwandelt werden könnte. Bis Papin jedoch ein vorzeigbares Modell seines Drucktopfs entwickelte, hatte er einige gescheiterte Experimente mit Glasbehältern hinter sich, die allesamt mit Explosionen endeten und ihm den Spitznamen »Katastrophenmensch« einbrachten. Schließlich kam er auf die Idee, es mit einem Kupferkessel zu versuchen. Aber auch der explodierte bei der ersten Vorführung vor der Royal Society in London. Schließlich baute Papin ein Sicherheitsventil ein, durch das allzu gro-

ßer Druck entweichen konnte. So klappte es endlich. Stolz nannte er seine Erfindung »Digestor«, von dem lateinischen Wort »zerteilen«, und schrieb erstmals über seine Erfindung in der Schrift »Die Methode, Knochen weichzukochen«.
Im 20. Jahrhundert dann entwickelten zahlreiche Firmen ihre Schnellkochtöpfe, angeführt 1927 von der Firma Silit. Eine Zeitlang galten sie als Nonplusultra der modernen Küche. Auch heute gibt es immer noch viele Köche, die darauf schwören. Das Problem bei den Geräten ist jedoch nach wie vor die Sicherheit – auch wenn die sich natürlich seit Papins Zeiten erheblich verbessert hat. Der unter Druck stehende Behälter darf und kann bei vielen Modellen zum Beispiel nicht einfach so geöffnet werden, sondern muss entweder erst abkühlen (die geduldige Methode) oder mittels Ventil (die riskantere Methode) entlüftet werden. Das darf man nur nicht bei Suppen machen, dann hat man schnell mal die Erbsensuppe an der Küchendecke kleben. Die Bedienungsanleitung seines Schnellkochtopfs sollte man sich jedenfalls ausnahmsweise wirklich mal von vorne bis hinten durchlesen, damit man sich nicht auch den Ruf eines Katastrophenmenschen einhandelt.
Unverzichtbar für: Gefahrensucher

Berühmte letzte Worte

»Es würde ja nicht Sicherheitsventil heißen, wenn es nicht sicher wäre.«

»Ist doch egal, dass dieser Schnellkochtopf kein TÜV-Siegel hat. Hauptsache billig!«

Schokoladenbrunnen, der

Wenn man im Juli den grinsenden Vollmilchschokohasen von Ostern nicht mehr sehen kann oder zu Frühlingsbeginn dem zartbitteren Weihnachtsmann den Garaus machen will, dann wird es Zeit, den Schokoladenbrunnen hervorzuholen. Der Schokoladenbrunnen ist der Inbegriff der dekadenten Schlemmerei: Eine Fontäne gaumenschmeichelnder Köstlichkeit, in die man nur eine Banane, eine Erdbeere oder einen Schokoriegel hineinhalten muss, und schon zaubert man ein betörendes Dessert. Dass man ein gutes Pfund Schoki braucht, um das Ding überhaupt zum Sprudeln zu kriegen, ist dabei das Beste. Mit dem Schokoladenbrunnen kann man nämlich endlich mal bedenkenlos spachteln! Fürs Kalorienzählen fehlt angesichts des lauten Brummens der Pumpe die Konzentration, abgesehen davon, dass es sowieso unmöglich ist, abzuschätzen, wie viel Gramm Schokolade am Melonenstück hängen. Außerdem gelangt man beim anschließenden Reinigen sowieso zu der festen Überzeugung, dass das meiste der Schokolade übriggeblieben ist und jetzt in allen Ecken und Rillen der Maschine klebt. So bleibt nichts als ungetrübter Genuss!

Unverzichtbar für: das Land, wo Milch und Schokolade fließen

Schubladenverstopfer, die

Kleingeräte, die man nur deswegen nicht wegschmeißt, weil sie nicht viel Platz wegnehmen. Dazu gehören: Dosenöffner aus dem Ramschladen, minderwertige Käsehobel, sinnlose Eisportionierer, stumpfe Sparschäler, nie benutzte Rouladenklemmen, irgendwelche Spezialmesser, von denen man nicht mehr weiß, wofür sie eigentlich da sind, versiffte Teesiebe, verbogene Kugelausstecher, Dinge, deren Namen man nicht kennt, und und und. Ihre mangelhafte Funktionsfähigkeit haben die Schubladenverstopfer in zahlreichen Versuchen bewiesen. Meist schleudert man sie voller Wut zurück in die Schublade und donnert diese zu, in der Hoffnung, die Kleingeräte nie wieder sehen zu müssen. Den Weg in den Mülleimer verhindern Gedankengänge wie: »Vielleicht brauche ich es eines Tages doch noch«, »Vielleicht fällt mir noch eine andere Verwendung dafür ein« oder »Die Kinder können es haben, wenn sie mal ausziehen«. Selbst Umzüge überleben diese kleinen Geräte mit dem Trick, sich in dem ganzen Krimskrams unsichtbar zu machen. Denn wenn man einmal anfangen würde, konsequent zu handeln, müsste man sämtliche Schubladenverstopfer entsorgen. Doch das ist viel zu heikel. Denn es könnte ja sein, dass man das eine oder andere Teil noch mal braucht. Und sie nehmen ja wirklich nicht viel Platz weg …

Schüsselhalter, der

Wer nicht über einen Butler verfügt, der muss zumindest einen Schüsselhalter haben. Dabei handelt es sich um ein ausziehbares Gestell mit zwei Griffen, in das man eine heiße Schüssel stellen kann. Tragen muss man sie dann allerdings alleine. Schade. Eine Variante des Schüsselhalters sind Gestelle, in denen man Schüsseln aufbocken kann, um sie wie die Orgelpfeifen auf dem kalten Buffet aneinanderzureihen. So kommt auch ein schnöder Nudelsalat groß raus!
Unverzichtbar für: den Sprung in der Schüssel

Servierring, der

Auch genannt Dessertring oder Vorspeisenring. Ohne dieses Ding läuft überhaupt nichts mehr in deutschen Küchen, seit man im Fernsehen fünfmal die Woche übereifrigen Hobbyköchen beim Anrichten zuschauen kann. Servierringe sind runde oder eckige Ausstechförmchen mit verschiedenen Durchmessern, die dazu dienen, jedweder noch so unansehnlichen Pampe auf dem Teller eine hübsche Form zu verleihen. Anstatt Lachstatar, Radicchiorisotto oder Kartoffelbrei einfach mit dem Löffel auf den Teller zu klatschen, werden sie fein säuberlich in einen Servierring gefüllt, der Ring entfernt – und schon prunkt dort ein hübsches Türmchen, das sich ein »an und vom« verdient hat. Zweierlei vom Borstenvieh in Naturdarm an Erdapfelmus mit Jus braunoise – klingt doch gleich viel schicker als Bratwurst mit Kartoffelpü und brauner Soße.
Unverzichtbar für: den Küchenadel

Setzeierförmchen, die
Siehe ☞ *Eierbackring*

Silikonbackform, die

Ein wabbeliges knallbuntes Teil zum Backen von Kuchen in verschiedenster Form: ob Bärchen, Blüte, Stern, Schmetterling oder normale Kasten- oder Tortenform. Man kann die Backform knautschen und in die Schublade stopfen oder als Kopfkissen benutzen, sie tut danach immer noch ihren Dienst. Man muss nur zwei Sachen beachten. Erstens: den Teig immer erst einfüllen, wenn die Silikonform sicher auf dem Backblech steht, weil man die schlabberige Form mit dem flüssigen Inhalt nicht transportieren kann. Zweitens: einen Kuchen backen, den man stürzen kann. Denn anders als durch Umstülpen bekommt man das Backwerk nicht aus der Silikonform heraus.

Unverzichtbar für: Umstürzler und andere Revoluzzer

Simmertopf, der

Der Simmertopf funktioniert nach dem Prinzip der ☞ *Bain-Marie* und wird deswegen manchmal auch unter dieser französischen Bezeichnung verkauft. Dabei meint Simmer das Englische »to simmer«, etwas auf oder knapp unter dem Siedepunkt garen. Der Simmertopf ist ein Topf mit doppeltem Boden. Durch ein kleines verschließbares Loch füllt man Wasser in das Innere – und schon hat man den Wasserbadeffekt. Da die Lebensmittel nicht direkt mit der Wärmequelle in Berührung kommen, können sie nicht die hundert Grad erreichen und deswegen

auch nicht überkochen. Die Idee ist prima. Und über die kleinen Macken, die sich in der Praxis ergeben, kann man mit einer optimistischen Grundhaltung locker hinwegsehen! Manche Simmertöpfe rosten von innen. Dass man dann den Wasserstand nicht mehr kontrollieren kann, weil das kleine Sichtfenster mit Rostbröseln verschmiert ist, ist nicht so schlimm. Dafür klappert der Topf beim Hochheben so hübsch! Und wenn der Deckel des Einfülllochs undicht ist und Wassertröpfchen herausspritzen, kann das zwar die Kuvertüre gar nicht leiden, aber die Zabaione wird um einiges gestreckt und somit kalorienärmer! Und wenn die Zabaione misslingt, weil das Eigelb wegen zu großer Hitze geronnen ist, kann man die Schuld allein auf den Topf schieben. Klar wäre es einfacher, ein Wasserbad selber zu machen, indem man eine Metallschüssel in einen Topf warmen Wassers stellt. Klar hätte das den Vorteil, dass man die Schüssel herunternehmen könnte, falls die Sauce Hollandaise zu heiß wird. Aber wenn man sich immer nur auf das Negative konzentriert, kann man auch gleich Tütensoße anrühren.
Unverzichtbar für: Frohnaturen

singendes Ei, das
Siehe ☞ *Piep-Ei*

Slow-Cooker, der
Der Slow-Cooker wird auch Crockpot – oder zärtlich Crocky – genannt. In diesem elektrischen Kochtopf mit fest verschließbarem Deckel passiert alles gaaaaaanz gemächlich. Mit dem Temperament eines

Zweifingerfaultiers kocht er bei Hitze in Niedrigdosierung gern auch die ganze Nacht. Für Garzeiten von unter vier Stunden ist der Slow-Cooker gar nicht erst zu haben. Dafür arbeitet er aber sparsam und total autonom. Wenn er jetzt noch lernen würde, selbst das Gemüse zu waschen und zu schneiden, hätte man gar nichts mehr zu tun.
Unverzichtbar für: die neue Antifa (Anti-Fast-Food-Bewegung)

Die Kochkiste

Der Trick mit dem energiesparenden Schongaren ist schon alt. In dem Buch »Alte Küchengeräte« beschreibt Ulrich Klever, wie sie funktionierte: Man stellte den erhitzten Topf mit den Linsen oder dem Fleisch oder was auch immer in eine gut ausgepolsterte Kiste und verschloss sie mit einem ebenfalls gepolsterten Deckel. Derart isoliert hielt sich die Hitze im Topf über Stunden und ließ die Lebensmittel gar werden, ohne dass man auch nur ein Brikett verfeuern musste. Kochkisten wurden auch unter dem Namen »Reformkocher«, »Küchenchef« oder »Heinzelmann« angeboten und waren in gutbürgerlichen Haushalten beliebt. Manche, die sich selbst eine Kochkiste nicht leisten konnten, umwickelten den heißen Topf mit Zeitungspapier und steckten ihn ins Federbett. In heutigen Zeiten der steigenden Energiepreise wieder aktuell und ein lohnenswerter Tipp!

Smoothie-Maker, der

Smoothie klingt doch gleich viel sexier als Ganzfruchtgetränk. Was ein Smoothie nämlich ist. Ein Ganzfruchtgetränk. Das Wort erinnert irgendwie an Ganzkörperfoto. Das legt folgende Frage nahe: Was haben ein Ganzfruchtgetränk und ein Ganzkörperfoto außer dem ähnlich bescheuerten Namen gemeinsam?

Ganz klar: Orangenhaut! Denn im Smoothie ist alles drin von der Frucht, bis auf Kerne und Schale. Natürlich stört die Orangenhaut im Smoothie weniger als an den Oberschenkeln, jedenfalls, wenn die Früchte ordentlich atomisiert worden sind. Und dazu braucht man eben einen Smoothie-Maker. Auch wenn er nichts anderes ist als ein Standmixer mit neuem und damit natürlich viel besserem Etikett!

Unverzichtbar für: Vitaminsexbomben

Snackgabel, die

Jou, wennze ne Currywurst mit Pommes Schranke essen tust, krisse auch ne Snackgabel dabei. Die ist dann meistens aus Holz oder Plastik. Gibt es aber auch in schickem Edelstahl für den Edelsnack zu Hause.

Unverzichtbar für: gekünstelte Sympathie mit dem Proletariat

Sodamaker, der

Siehe ☞ *Wassersprudler*

Sodasiphon, der

In den goldenen 1920ern beliebtes Utensil für die blaue Stunde: eine stilvolle Flasche mit Zughebel und Ausguss zum Versetzen von Wasser mit Kohlensäure. Wird noch in der einen oder anderen Bar benutzt, in Privathaushalten ist der Sodasiphon fast nicht mehr zu finden. Wenn man heute Kraneburger in den Prickelwasserstand erheben will, benutzt man die weitaus weniger charmanten ☞ *Wassersprudler*.
Unverzichtbar für: die Charleston-Cocktailstunde

Spaghettitester, der

Noch so eine revolutionäre Erfindung, ohne die man in der Küche aufgeschmissen ist. Der Spaghettitester ist ein langer Metallhaken. Damit fischt man eine Nudel aus dem Wasser und probiert sie. So lange, bis man meint, sie sei al dente. Wenn das nicht praktisch ist! Man könnte das zwar auch mit einem Kochlöffel oder einer Gabel tun, aber das wäre natürlich viel zu profan.
Unverzichtbar für: Spaghetti-Angler

Spargelheber, der

Ein rechteckiger Schaumlöffel, mit dem man die dünnen Stangen unversehrt aus dem Wasser holen kann. Ist natürlich eine besonders schicke Art, den bittersüßen Schatz zu heben, da so die Bruch- und Wegflutschgefahr gemindert ist. Wer jetzt denkt, die Anschaffung lohne nicht für die paar Spargelessen pro Jahr, muss sich nur angewöhnen, Möhren, Rhabarber und Staudensellerie nicht mehr kleinzuschnippeln, sondern in gottgewollter ganzer Pracht zu kochen,

dann bereitet einem der Spargelheber auch den Rest des Jahres viel Freude!
Unverzichtbar für: Stangenhalter

Spargelliege, die

Zugegeben, die Spargelliege steht auf der *Roten Liste der vom Aussterben bedrohten Küchengeräte.* Sie war im 19. Jahrhundert total angesagt. Dabei handelt es sich um eine Platte mit Abtropflöchern, so dass der Spargel nach dem Wasserbad auf dem Trockenen liegt. Diese Keramikschalen waren teilweise reichverziert und sind heute beliebte Exponate in Museen oder bei Antiquitätenhändlern. Wer eine solche besitzt, kann sich also als vollständiges Mitglied des Asparagusolymps betrachten und damit in Feinschmeckerkreisen jede Menge Eindruck schinden.
Unverzichtbar für: Poussierstängel

Spargelschäler, der

Mancher Feinschmecker würde sich gern einen Spargelschäler aus Polen kommen lassen, der dann von April bis Juni die einheimischen Stangen pellt. Da aber derlei niedere Dienste auch für unsere Nachbarn im Osten deutlich an Attraktivität verloren haben, muss man sich wohl oder übel einen Spargelschäler aus der Haushaltswarenabteilung zulegen. Die sind aber auch nicht immer willens, ihrem Job professionell nachzugehen. Da hilft dann entweder ein normaler Sparschäler – oder der Schälservice auf dem Markt.
Unverzichtbar für: jeden Spargeltarzan

Spargelzange, die

Es soll Leute geben, die die schlüpfrigen Stangen mit der Nudelzange greifen oder mit Löffel und Gabel. Aber nicht so ein echter Spargelfan: Der serviert den Spargel mit einer besonderen Spargelzange, die mit einem flachen geriffelten Greifer ausgestattet ist. Vor mehr als dreihundert Jahren kamen versilberte Spargelzangen in Mode, die auch Fingerzangen genannt wurden. Damit konnte der gutbetuchte Edelmann elegant das »essbare Elfenbein« von der Spargelliege fassen und zum Mund führen. Denn zu der Zeit verliehen die Legierungen des normalen Bestecks dem zarten Frühlingsgemüse einen fiesen Beigeschmack. Man durfte den Spargel zwar auch mit der Hand essen, aber das war natürlich lange nicht so vornehm. Diese Art Fingerzangen stehen natürlich auf der *Roten Liste der vom Aussterben bedrohten Küchengeräte* und sind heute nur noch Sammlerstücke.

Unverzichtbar für: Asparaguskoryphäen

Spätzlepresse, die

Dem Schwaben geht nichts über Spätzle, diese nudelartigen kleinen Teigfäden, die entweder in Bratensoße getränkt oder mit Käse überbacken werden. Der idealistische Verfechter der kulinarischen Landeskultur bastelt die Spätzle selbst, indem er mit einem Schaber den Teig von einem Holzbrett in schmalen Streifen direkt in das siedende Wasser schabt. Das ist natürlich etwas aufwendiger als Spätzle aus der Presse. Die erinnert an eine riesige Knoblauchpresse und funktioniert auch so: Der Teigklumpen wird durch einen Siebeinsatz in den Topf mit kochendem Was-

ser gedrückt. »Faule-Weiber-Spätzle« nennt man die auf diese Art zustande kommende Sättigungsbeilage. (Wobei der Schwabe von seinem Nationalheiligtum niemals als Sättigungsbeilage sprechen würde!) Bis heute wurden über siebzig weitere spezielle Geräte zur Spätzleherstellung entwickelt, wie die Autoren Sylvia Bauer und Peter Menzel in ihrem Buch »Spätzle & Knöpfle« herausgefunden haben. Darunter das Spätzlesieb, der Spätzlehobel oder die Spätzle-Hex. Wie man die Spätzle aus diesen Geräten nennt, ist nicht überliefert. Vielleicht Clevere-Frauen-Spätzle oder Hab-keine-Zeit-Spätzle oder Leckt-mich-doch-mit-der-guten-alten-Tradition-am-Popo-Spätzle.
Unverzichtbar für: schwäbisches Flair

Spicknadel, die

Die Spicknadel ist nicht etwa die Verwandte des Spickzettels, die für unerlaubte Hilfeleistung bei Prüfungen der Kochausbildung herhalten muss. Nein, die Spicknadel dient nicht dem Pfuschen, sondern dem Spicken von Fleisch mit Speck. Sie sieht aus wie eine gigantische Stopfnadel mit auseinanderklappbaren Enden. In diese gezahnte Metallzange klemmt man die Speckstreifen, dann zieht man die Nadel durch das Fleisch, wobei es sich die Speckstreifen in dem gebohrten Loch bequem machen. Das soll das Fleisch saftiger machen. Neuzeitliche Nörgler behaupten allerdings, durch das Löchern würde das Fleisch erst recht austrocknen. Dennoch gehört in jeden Haushalt eine Spicknadel. Wenn man schon nicht den Braten spickt, dann kann man damit wenigstens dem herrlichen Zeitvertreib der Butterbrot-

stickerei nachgehen. Denn aufgepasst, liebe Mütter! Brotgesichter aus lieblos hingeklatschten Tomatenachteln und Gurkenscheiben sind passé! Die ambitionierte Mutter stickt mit Hilfe der Spicknadel aus Porreestreifen, Selleriefasern, Möhrenfäden und Schnüren aus Apfelschale kleine Szenen aus SpongeBob und der Twilight-Saga in das Vollkornbrot! So ist die Vitaminzufuhr auch für Teenager gesichert.
Unverzichtbar für: die Profimutter

Spiegeleiform, die
Siehe ☞ *Eierbackring*

Spiralentsafter, der
Auch genannt Mini-Zitronenpresse. Es handelt sich um eine kleine Spirale aus Edelstahl, mit der man durch die Schale der Zitrone bohrt, um den Saft tröpfchenweise abzuzapfen. Für alle, die Zitronensaft nur in Minimaldosierung gebrauchen können. Auch wenn man mal nur einen Fingerhut frisch gepressten Orangensaft zum Frühstück trinken will, ist der Spiralentsafter ideal. Sagenhaft, wie lange man dann mit einer einzigen Orange auskommt!
Unverzichtbar für: Leute, die mit Zitronen handeln

Spiralschneider, der
Von Fernsehköchen gern benutztes Gerät, mit dem Gemüse zu langen Spiralen verarbeitet wird. Gibt es in verschiedensten Ausführungen. Einige funktionieren mit einer Kurbel, durch die das aufgespießte Gemüse über die Messer gedreht wird, andere sehen aus wie eine Art Riesenspitzer: Man steckt die

Möhre hinein und dreht sie wie einen Bleistift im Anspitzer. Heraus kommen vegetabile Spaghetti. Ist wirklich toll, vor allem wenn man neben einer Kinderschar auch noch ein Dutzend Karnickel durchfüttern muss. Denn die Spiralschneider produzieren jede Menge Gemüseabfall! Wenn die Möhren/Kartoffeln/Zucchini ein bisschen zu dünn oder zu schief gewachsen oder einen Hauch zu weich sind, funktioniert es nicht richtig, und das Gemüse wird nur unschön zerstückelt oder zermatscht. Da freuen sich die vierbeinigen Hausfreunde!
Unverzichtbar für: Kleinvieh

Spritzbeutel, der

Der Spritzbeutel ist ein tütenähnlicher Behälter, der zum Verzieren von Torten dient. Die Sahne oder Creme wird in den Beutel gefüllt, durch eine Tülle gepresst und zu hübsch dekorativen Häufchen aufgetürmt. Nur der einfallslose Koch beschränkt sich dabei aber auf Zuckerwerk. Jeder, der ein bisschen was auf sich hält, lässt auch Kartoffelbrei, Erbspüree und anderes klumpenfreies Gemansche durch den Spritzbeutel gleiten, um Kringelinsel im Soßenmeer zu erschaffen.
Unverzichtbar für: den Gipfel der Deko-Schöpfung

Sprossenzuchtgerät, das

Das Sprossenzuchtgerät ist so 80er wie Schulterpolster und Leggings. Und die sind auch wieder in! Das Sprossenzuchtgerät besteht aus mehreren stapelbaren Plastikschalen mit kleinen Löchern. Dort werden Samen hineingelegt, gewässert und schon nach

wenigen Tagen Alfalfa-Sprossen oder Rettichkeimlinge geerntet. Wenn sie nicht aufgrund falscher Behandlung verschimmelt sind. Einen schönen Schluck Gerstengrassaft dazu, und schon hat man Vitamine und Mineralstoffe für drei getankt!
Unverzichtbar für: moderne Popeyes

Stahlsicherheitshandschuh, der

Der Stahlsicherheitshandschuh ist für all diejenigen, die den Fernsehköchen nacheifern wollen, die Gurken in atemberaubender Geschwindigkeit zerhacken, während sie ihr breites Grinsen in die Kamera halten, um zu demonstrieren, dass sie auch ganz ohne Hingucken schneiden können. Mit dem Sicherheitshandschuh schaffen Sie das auch! Jedenfalls ohne sich die Finger abzusäbeln. Der Stahlhandschuh ist aber auch für den Nahkampf hilfreich, wenn mal wieder zu viele Köche den Brei verderben wollen und man selber seiner Ansicht über die richtige Würzmischung oder den perfekten Garzeitpunkt Nachdruck verleihen möchte.
Unverzichtbar für: die rechte Gerade

Standmixer, der

In Amerika heißt er auch Blender. Und das nicht, weil er mehr verspricht, als er bietet. Blender kommt von »to blend«, dem englischen Wort für mischen. Im Standmixer werden feste und flüssige Bestandteile gemischt – da kann man eigentlich alles reinkloppen, was man so findet. Erdbeeren und Wodka oder Erdbeeren und Rum oder Erdbeeren und Tequila, beispielsweise. Und selbst Eiswürfel werden von den

kleinen Messern am Grund des Behälters kurz und klein gehackt.
Unverzichtbar für: Frozen Daiquiris

Berühmte letzte Worte:
»Ist doch voll spießig, den Stecker zu ziehen, bevor man den Mixstab ableckt.«

Suppenterrine, die

Eine Suppenterrine gehörte mal in jeden Haushalt. Eine Riesenschüssel mit Deckel, in dem eine Gallone Linseneintopf Platz fand. Doch seit die meisten unter Terrine nur mehr die 300-Sekunden-Einweg-Einmann-Banausen-Portion verstehen, ist die klassische Suppenterrine ein Anwärter auf die *Rote Liste der vom Aussterben bedrohten Küchengeräte*. Dabei ist sie so heimelig und schreit geradezu nach einer Aktion zur Rettung der Suppenterrine!
Unverzichtbar für: den Erhalt des Abendlandes

Tauchsieder, der

Elektrischer Heizdraht zum Erhitzen von Wasser. War mal total hip, besonders auf Reisen, wenn man den einheimischen Stümpern das Zubereiten von Heißgetränken nicht zutraute und sich lieber selbst mit einer schönen Tasse Pulverkaffee beglücken wollte. Ist mittlerweile fast überall durch Wasserkocher und Coffee-to-go-Buden ersetzt worden und gehört auf die *Rote Liste der vom Aussterben bedrohten Küchengeräte.*
Unverzichtbar für: schrullige Nostalgiker, die den heimischen Stümpern das Zubereiten von Heißgeträn-

ken nicht zutrauen und sich lieber selbst mit einer schönen Tasse Pulverkaffee beglücken wollen

Teemaschine, die

Die Teemaschine arbeitet nach dem gleichen Prinzip wie die Kaffeemaschine, die in den meisten Haushalten täglich in Gebrauch ist. Die Teemaschine hat sich allerdings nicht so durchgesetzt. Es mag daran liegen, dass selbst für Blindgänger das Aufbrühen eines Tees zu den lösbaren Aufgaben des Alltags gehört. Abgesehen davon ist die Teemaschine ziemlich unflexibel, was die Zubereitung angeht. Denn sie kann nur stumpf Tee mit kochendem Wasser aufgießen, wie es Ostfriesentee und Earl Grey verlangen, aber nicht etwa mit den erforderlichen 78,3 Grad, die der gemeine Grüntee so braucht, um Wasser geschmacklich in Teichbrühe zu verwandeln. Für die fernöstliche Teezeremonie ist so eine Maschine also völlig unbrauchbar, für den englischen High Tea auch eher stillos, aber immerhin ersetzt ihre Warmhalteplatte das Stövchen, bei dem mal wieder das Teelicht runtergebrannt ist. Ist doch auch was!
Unverzichtbar für: Schwarzteeseher

Tellerbesen, der

Der Tellerbesen ist nicht etwa ein Gerät, mit dem man Essensreste vom Geschirr diätgeplagter Mitbürger fegt. Der Tellerbesen ist eine flache Variante des ☞ *Schneebesens,* der in tiefen Tellern beziehungsweise bei niedrigem Flüssigkeitsstand für eine hohe Umdrehungszahl sorgt.
Unverzichtbar für: überschäumende Temperamente

Tellerwärmer, der

In Zeiten des lukullischen Dekorationswahnsinns, der durch allerhand Fernsehsendungen in die heimischen Küchen geströmt ist, sind Tellerwärmer zu den unentbehrlichen Küchengeräten geworden. Nur mit erhitzten Tellern lässt sich nämlich verhindern, dass der ganze Papp nach Servierringtürmchenbau, Soßenspiegelaquarellmalerei und Balsamicoreduktionsgraffiti nicht saukalt geworden ist. Nur der Anfänger benutzt seinen Backofen zum Erwärmen des Geschirrs, den er während des Kochvorgangs sowieso schon aufgeheizt hat. Denn es gibt doch Tellerwärmer in verschiedensten Ausführungen von der Heizdecken- bis zur Warmhalteplattenvariante.

Unverzichtbar für: den Vom-Tellerwärmer-zum-Millionär-Traum

Teppanyaki-Grill, der

Teppanyaki ist die japanische Spielart des Gemeinschaftskochevents »Heißer Stein«, nur dass dabei das Essen auf einer heißen Stahlplatte gegrillt wird. In Japan gibt es Restaurants, in denen eine solche beheizbare Platte direkt in den Tisch eingebaut ist. Da das für den normalen Haushalt recht unpraktisch ist, gibt es portable Teppanyaki-Grills mit Antihaftbeschichtung. Diese fernöstliche Erfindung macht die Multi-Kulti-Küche erst perfekt. Wie sollte man sonst dem japanischen Hausgast klarmachen, dass man zwar Tortilla-, Hot-Dog- und Crêpemaker besitzt, aber nichts, um *seine* speziellen Gelüste zu befriedigen? Bevor man also zum Kotau gezwungen ist, sollte man lieber die Paareurofuffzich für Nippes

aus Nippon investieren. Angesichts des Teppanyaki-Grills geht für den japanischen Gast die Sonne auf, und man selbst hat jede Menge Karma-Punkte gesammelt!
Unverzichtbar für: Freunde von beheizbaren Toilettensitzen

Thermomix, der

Wer meint, der heftigste Glaubenskrieg sei zwischen den großen Weltreligionen ausgebrochen, der irrt. Denn inmitten von Deutschland tobt ein weiterer Glaubenskrieg, der die Hobbyköche in zwei Lager gespalten hat: Thermomix-Anhänger und Thermomix-Gegner. Der Thermomix ist die eierlikörmachende Wollmilchsau, die nur von speziellen Repräsentanten verkauft wird: ein kochender Mixer, der rühren und kneten und hacken und backen und dampfgaren und wiegen kann. Jetzt muss man ihm nur noch beibringen, einzukaufen und die Kinder zu wickeln, dann ist der Preis von knapp tausend Euro mehr als gerechtfertigt. Alle anderen benutzen weiterhin ihre Töpfe, den Mixstab und die Hände.
Unverzichtbar für: alle, die nicht vor Risotto aus der Maschine zurückschrecken

Thüringer Kloßpresse, die

Die Kloßpresse erinnert an einen Edelstahl-Wäscheeimer, nur dass sie kleiner ist und eine Spindelpresse integriert hat. Man braucht sie, um Thüringer Klöße herzustellen. Die werden nämlich zum größten Teil aus rohen Kartoffeln gemacht. Und die müssen schön trocken sein. Deswegen werden sie erst gerieben und dann in einen Presssack gestopft und anschließend in der Kloßpresse richtig schön ausgedrückt. Danach erst kann die Kartoffelmasse verarbeitet werden. Für die Thüringer Spezialität aus eigener Herstellung ein Muss. Alle anderen kaufen sich Fertigklöße.

Unverzichtbar für: Handarbeiter

Tischabfalleimer, der

Manches Elternteil kommt sich als Tischabfalleimer vor, weil es sich genötigt fühlt, all das in sich hineinzufressen, was der Nachwuchs in seiner Nichts-Grünes-nichts-Rotes-und-schon-gar-kein-Fleisch-Phase verschmäht, um nur ja nicht der Verschwendungssucht gescholten zu werden. Dabei gibt es eine elegantere Lösung, Tomaten- und Gurkenstücke und angekaute Kotelettbrocken verschwinden zu lassen: den Tischabfalleimer mit schickem Schwingdeckel, der geduldig all die Reste in sich aufnimmt und so dem Vergessen anheimfallen lässt. Aus den Augen, aus dem Sinn!

Unverzichtbar für: Eltern, die keine gute Figur abgeben, sondern diese behalten wollen

Tischgrill (elektrisch), der

Die Idee des Tischgrills ist einmalig! Keine Holzkohle mehr schleppen und keinen Brandbeschleuniger suchen müssen, dann das Feuer trotzdem nicht richtig in Gang kriegen, bis man schließlich entnervt die Anzündhilfe überdosiert und den ganzen Garten mit Spiritusgestank verpestet, bis die frische Abendbrise den chemischen Geruch vertreibt oder der Nach-

bar die Polizei ruft und man nach Angabe seiner Personalien gezwungen wird, den Schwelbrand zu löschen. Mit dem Tischgrill passiert das alles nicht. Man kann ihn sogar drinnen benutzen, er ist sofort einsatzbereit und es droht noch nicht mal Krebsgefahr durch verkokelte Würstchen. Und trotzdem: Der Tischgrill ist wie der Sommer auf Balkonien statt an der Adria. Man kann sich einreden, dass es genauso viel Spaß macht. Stimmt aber nicht. Deswegen ist der Tischgrill in den meisten Haushalten zu einem freudlosen Dasein im Keller verdammt. So schade! Denn die Idee ist wirklich klasse.
Unverzichtbar für: Idealisten

Tomatenstrunkentferner, der

Sieht aus wie eine große Pinzette mit scharfer, flacher Zange. Es gibt ihn auch als gezackten Kugelausstecher. Braucht man unbedingt, da der Tomatenstrunk ja giftig ist, wie die Tomatenstrunkentfernerhersteller plakativ behaupten. Das ist er auch. In Tomaten (besonders in grünen, unreifen Tomaten, aber eben auch im Strunk) ist nämlich – wie in jedem Nachtschattengewächs – das Gift Solanin enthalten. Und das kann tatsächlich tödlich sein. Aber nur in großen Mengen. In verdammt großen Mengen. Wenn man zum Beispiel mal wieder selbstvergessen eine Schale Tomatenstrünke geknabbert oder aus Versehen achtzehn Kilo Tomaten verschlungen hat, dann muss man sich nicht wundern, wenn man umkippt! Abgesehen davon ist der Strunk weder optisch noch kulinarisch ein Highlight. Deshalb ruhig raus damit. Zur Not könnte man das mit einem scharfen Messer machen.

Aber ein Tomatenstrunkentferner ist natürlich viel effektiver!
Unverzichtbar für: verhinderte Chirurgen, die lieber mit Spezialwerkzeug operieren

Tortenhebeblech, das

Siehe ☞ *Kuchenretter*

Tortillamaker, der

Der Tortillamaker ist eine Plattdrückbackmaschine für mexikanische Maismehlfladen. Sie erinnert an ein Waffeleisen mit Pressmechanismus. Der Tortillamaker erweckt auf jeden Fall die Hoffnung, dass es einfach sei, die Dinger selber herzustellen. Dabei ist die Rezeptur der mittelamerikanischen Spezialität so knifflig wie mathematische Stochastik. Für das Originalrezept braucht man spezielles gekalktes Maismehl und jede Menge Fingerspitzengefühl beim Zufügen von Wasser, sonst wird der Teig zu matschig oder zu hart. Natürlich könnte man die Fladen anschließend auch in der Pfanne backen, aber mit einem Tortillamaker fühlt man sich nach der Teigwurschtelei gleich viel professioneller.
Unverzichtbar für: die Tex-Mex-Küche

Tortillapresse, die

Die Tortillapresse backt nicht, sondern beschränkt sich aufs Plattdrücken der Fladen. Die meisten Tortillapressen sind aus Gusseisen oder Holz, zwei runde Scheiben, die mit einem Scharnier verbunden sind. Zwischen die Scheiben gibt man auf zwei Lagen Frischhaltefolie einen Klecks Teig. Dann werden die

Scheiben zusammengedrückt, und heraus kommt ein pfannkuchengroßer Fladen, der dann in der Pfanne – oder im ☞ *Tortillamaker* – gebacken wird.
Unverzichtbar für: Sombrero-Träger

Tourniermesser, das

Ein kleines, scharfes, leicht gebogenes Messer. Der Unterschied zu einem Schälmesser ist gering bis gar nicht vorhanden, Tourniermesser klingt aber natürlich wieder mal besser. Man kann damit eben nicht nur schälen, sondern auch tournieren: Das kommt vom Französischen »tourner« und bedeutet »drehen«. In der Küche bedeutet es, dass man Gemüse und andere Lebensmittel in gleich große, leicht abgerundete Stücke schneidet. Wer ein Tourniermesser besitzt, ist auch gleichzeitig Anwärter auf das Gemüseschnitzdiplom, gehört es doch zur Grundausstattung der vegetabilen Foodkünstler.
Unverzichtbar für: die ersten Radieschenrosen

Kulinarkauderwelsch IV

KÜCHENCHEF
Lehrling, bitte mal die Ente dressieren!

LEHRLING
Aber wie soll das denn gehen? Sie ist tot!

KÜCHENCHEF
Na, das wollen wir doch hoffen.

LEHRLING
Aber wie soll ich ihr denn da ein Kunststück beibringen?

KÜCHENCHEF
Mon Dieu, was redest du denn da? Du sollst ihr doch kein Kunststück beibringen!

LEHRLING
Aber Sie sagten doch, ich soll die Ente dressieren!

KÜCHENCHEF
Dressieren bedeutet in dem Fall die Ente mit Küchengarn zusammenbinden, so dass sie in die Bratenform passt.

LEHRLING
Warum sagen Sie das nicht gleich.

KÜCHENCHEF
Aus dir wird nie etwas!

Unverzichtbare überflüssige Küchengeräte V–Z

Vakuum-Frischebox, Vakuumierer, Vanillekipferl-Backblech, Vinaigrette-Maker, Vorspeisenring, Waffeleisen, Weichkäsemesser, Weinklimaschrank, Wein-Vakuumpumpe, Weißwurstheber, Wiegemesser, Wok-Set (elektrisch), Würfelschneider, Wurstprobiermesser, Zestenreißer (Zesteur), Zimtwaffeleisen, Ziseliermesser, Zitronenpresse, Zitronenschnitzelpresse, Zitruspresse, Zuckerthermometer, Zuckerwattemaschine, Zuckerzange, Zwiebelkamm, Zwiebelschneider

Vakuum-Frischebox, die

Die Vakuum-Frischebox verspricht mittels Absaugen von Luft dem Verderben von Brot und Obst entgegenzuwirken. Aber ob das wirklich klappt, wissen Vakuum-Frischebox-Besitzer oft auch nach längerer Zeit noch nicht, weil es einfach keinen deutlichen Unterschied gibt zwischen Brot aus der Vakuum-Frischebox und Brot aus der Bäckertüte. Wer sich also oft und gern fragt, auf welche Weise Brot am längsten frisch hält, der sollte sich die Vakuum-Frischebox kaufen. Denn damit wird die Frage auch nicht beantwortet, und man kann weiter diesem Rätsel des Alltags nachgehen.

Unverzichtbar für: Denksportfreunde

Vakuumierer, der

Siehe ☞ *Folienschweißgerät*

Vanillekipferl-Backblech, das

Das Vanillekipferl-Backblech erspart das lästige Mit-der-Hand-Formen dieser klassischen Weihnachtsplätzchen, die bei manchen Hobbybäckern aussehen wie halbverdaute Maden oder überdimensionale Fußnägel. Das Vanillekipferl-Backblech dagegen backt einheitlich wunderbare Kipferl in seinen halbmondförmigen Vertiefungen, in die man nur den Teig streichen, ihn darin backen und danach herausholen muss. So werden die Kipferl perfekt! Wenn man mal vom Geschmack absieht. Denn das Blech funktioniert nur mit einem Rührteig, nicht mit dem klassischen Mürbeteig. Mürbeteig-Kipferl zerbrechen meistens beim Rausholen. Wer also den typi-

schen Kipferl-Geschmack für verzichtbar hält, der ist mit so einem Blech bestens bedient.
Unverzichtbar für: auf Äußerlichkeiten bedachte Bäcker

Vinaigrette-Maker, der
Siehe ☞ *Dressingzubereiter*

Vorspeisenring, der
Siehe ☞ *Servierring*

Waffeleisen, das
Waffeleisen entzücken schon seit Jahrhunderten Jung und Alt mit fluffig-weichem Gebäck und gehören in fast allen Haushalten zur Erbmasse. Kein Wunder also, dass die meisten beim Waffelessen an die Oma denken. Früher wurden einfach zwei Eisenplatten im Feuer erhitzt und dann der Teig dazwischen gebacken, was zu regionalen Namensgebungen wie Eisen-Brodt und Klemmkuchen führte. Mit der Elektrizität und der fortschreitenden Industrialisierung kamen dann die ersten Elektrogeräte auf den Markt. Am beliebtesten sind heutzutage Waffeleisen für Waffeln in der klassischen Herzform. Aber um das verstaubte Image ein bisschen aufzupolieren und mit dem allgemeinen Verschlimmbesserungstrend mitzuhalten, gibt es mittlerweile auch unzählige kindergeburtstagstaugliche Variationen: Dino-, Bärchen-, Sendung-mit-der-Maus-, Micky-Maus- und Clownswaffeleisen. Das einzig Blöde ist: Die lustige Optik macht das Waffelbacken nicht schneller. Deswegen sei für diejenigen, die das Gemaule der heißhungrigen Brut

beim Warten auf das Erlöschen des Lämpchens nicht ertragen können, das Waffeleisen-Karussell empfohlen. Geschaffen für den Gastronomiebereich, ist das Gerät mit vier simultan arbeitenden Waffeleisen in der Lage, in kürzester Zeit auch die Süßschnäbel von Großfamilien zu stopfen.
Unverzichtbar für: alle, die einen an der Waffel haben

Wassersprudler, der

Oder schicker Soda-Streamer genannt. Eine clevere Idee, die das Schleppen von Wasserkästen überflüssig macht: Kranwasser einfüllen, Knöpfchen drücken, infernalisches Zischen abwarten, fertig ist das Blubberwasser. Ein Modegerät, das in Deutschland Mitte der 1990er aufkam und das irgendwann fast jeder hatte und sogar benutzte – jedenfalls bis die Kartusche mit dem CO_2 alle war. Wenn man es denn schafft, regelmäßig für Kohlensäurenachschub zu sorgen, ist das Gerät äußerst praktisch. Und auch wenn mit der Zeit die Flaschen anranzen, weil man es mit dem Handreinigen nicht so genau nimmt, ist das nicht schlimm: einfach die dazugehörigen Sirupsorten kaufen. Die aromatisieren das Wasser so, dass man Keime und Bakterien überhaupt nicht mehr schmeckt!
Unverzichtbar für: Besitzer von Dachgeschosswohnungen

Weichkäsemesser, das

Das Weichkäsemesser ist in der Regel ein Messer mit Löchern und gezackter Spitze. Damit lässt sich der laufende Camembert zerteilen, ohne dass das Milchprodukt zu anhänglich wird und am Messer kleben

bleibt. Anschließend kann man den Käse damit auch noch aufspießen. Die Reinigung dieses Messers geht wegen seiner Löcher nicht so leicht von der Hand, aber ohne Herausforderungen wäre das Leben nur halb so schön.
Unverzichtbar für: Brie-Bewunderer

Weinklimaschrank, der

Da nicht jeder einen Weinkeller besitzt, was natürlich schade ist, ist es umso erfreulicher, dass es spezielle Weinklimaschränke gibt, die den Wein zwischen zwölf und achtzehn Grad lagern. Denn was ist schlimmer, als die Schwarze Mädchentraube bei zwanzig Grad zu trinken oder sich den Lambrusco bei acht Grad hinter die Binde zu kippen? Richtig temperiert und mit ein bisschen Gefühl für atmosphärische Inszenierung kann selbst billiger Fusel aus dem Weinklimaschrank dem einen oder anderen Weinkenner imponieren. So kann man beim Weinkauf sparen und die Anschaffung des Weinklimaschranks amortisiert sich ganz schnell!
Unverzichtbar für: clevere Investoren

Wein-Vakuumpumpe, die

Es soll Leute geben, die eine Flasche Wein nicht sofort austrinken. Für die ist die Wein-Vakuumpumpe ideal. Den Spezialstopfen auf die Flasche gesetzt, mit der Pumpe die Luft aus der Flasche abgesaugt – und schon hält sich der Wein, als wäre er nie geöffnet worden. Jedenfalls solange der Spezialstopfen nicht undicht wird.
Unverzichtbar für: genügsame Gemüter

Weißwurstheber, der

Es ist kaum zu glauben, dass sich die bajuwarische Wurstdelikatesse tatsächlich durchgesetzt hat – ohne diese Erfindung des 21. Jahrhunderts: den Weißwurstheber. Eine Art Schöpfkelle aus Edelstahl, die an die Wurstform angepasst ist und sie so aus dem Wasser holt. Auch wenn man die letzten hundertfünfzig Jahre ohne Weißwurstheber ausgekommen ist, heißt das noch lange nicht, dass man sich nicht noch verbessern könnte. So ein Ding muss man einfach haben! Denn es geht hier schließlich um die Wurst.
Unverzichtbar für: alle, die gern eine heben

Wiegemesser, das

Das Oberhaupt aller ☞ *Schubladenverstopfer.*
Eine doppelte, gebogene Klinge mit zwei Griffen zum Zerkleinern von Kräutern und anderem Gedöns. In dem Raum zwischen den Klingen bleiben die Kräuter immer hängen, so dass man sie dauernd mit der Hand herauskratzen muss. Aber davon sollte man sich nicht abschrecken lassen. Kombiniert mit ein paar Atemübungen hilft eine Runde Kräuterzerkleinern mit dem Wiegemesser, das innere Gleichgewicht wiederzufinden und emotionale Spannungen zu lösen. Eine gute Alternative zur Yogastunde!
Unverzichtbar für: Freunde des meditativen Kochens, die sich, statt Petersilie zu hacken, lieber in Trance schaukeln

Wok-Set (elektrisch), das

Das elektrische Wok-Set kann man im Gegensatz zum herkömmlichen Wok nicht nur auf dem Herd benutzen, sondern überall da, wo der Pfeffer wächst. Zumindest mit der richtigen Verlängerungsschnur. So kann man den Asiaten richtig nacheifern! Die kochen ja auch gern auf der Straße! Für alle, die das Kochen lieber auf die Küche beschränken, tut es auch ein herkömmlicher Wok.

Unverzichtbar für: Garküchenfans

Würfelschneider, der

Siehe ☞ *Zwiebelschneider*

Wurstprobiermesser, das

Das Wurstprobiermesser sieht aus wie ein schmales Taschenmesser. Und – tatatataaa! – es ist auch ein schmales Taschenmesser. Manche verfügen noch dazu über eine ausklappbare Gabel. Wenn man mal wieder in einer Vorratskammer eingeschlossen sein sollte, in der die Salamis von der Decke baumeln, dann ist man mit diesem Gerät ganz weit vorne!

Unverzichtbar für: jeden Hanswurst

Zestenreißer, der

Auch genannt Zesteur. Zesten sind winzige, schmale Streifen von der Orangen- oder Zitronenschale. Mit dem Zestenreißer, der so eine Art ☞ *Julienneschäler* mit kleineren Schneiden ist, kann man die ganz leicht abschälen. Der Zestenreißer ist natürlich unverzichtbar, wenn man weder ein scharfes Messer zum Abschneiden noch eine Reibe zum Abraspeln der Schale im Haus hat.

Unverzichtbar für: Alfred-Biolek-Fans

Zimtwaffeleisen, das

Zimtwaffeln sind keine normalen Waffeln mit Zimtgeschmack, sondern knusprige, quadratische Plätzchen, für die man ein spezielles Waffeleisen braucht. Wem die ewigen Kipferl und das Spritzgebäck zu Weihnachten zum Hals heraushängen, der kaufe sich ein solches Zimtwaffeleisen.

Unverzichtbar für: Zimtzicken

Ziseliermesser, das

Siehe ☞ *Grapefruitmesser* und ☞ *Kanneliermesser*

Berühmte letzte Worte:

»Guck mal, mit dem neuen japanischen Messer kann ich die Karotten sogar blind schneiden!«

Zitronenpresse, die

Die schlichteste aller Zitronenpressen ist ein untertellergroßes Schälchen mit einem geriffelten Kegel in der Mitte, mit dem man im Handumdrehen aus der halbierten Zitrone das letzte Tröpfchen presst. Beim Ausgießen des Saftes werden die Kerne von einem Zackenkranz aufgefangen. Diese Art Zitronenpresse ist eine Erfindung des 19. Jahrhunderts und hat sich seit damals vom Aussehen her fast nicht verändert. Im Ursprung aus Glas, wird sie heute freilich meist aus Kunststoff oder Edelstahl gefertigt. Es gibt aber natürlich mittlerweile zahllose andere Kreationen, die teilweise eher durch den Namen des Designers bestechen als durch Funktionalität: Zitronenpressen, die in Gestalt lustiger Chinesen, eierköpfiger Plastikfigürchen oder spaciger Raketen daherkommen. Sehr originell auch die Variante »Angie«, bei der man die Zitrone auf dem Kopf der Kanzlerin ausdrückt. Zitronenpressen gibt es jedenfalls so zahlreich wie Bäume im Wald. Und falls das eigene Modell mal versagt, einfach an der Zitrone lecken, und schon ist man wegen der bekannten Sauer-Lustig-Reaktion wieder gut drauf.

Unverzichtbar für: die Erkältungszeit

Zitronenschnitzelpresse, die

Auch Zitronensegmentpresse genannt. Klingt hochtrabender, als sie ist. Liegt oft neben der Tasse, wenn man im Café einen Tee bestellt: ein kleines Edelstahlgerät, das ein Zitronenscheibchen in die Zange nimmt und so den Saft auspresst. Gibt es auch in neckischer Fisch- oder Vogelform.

Unverzichtbar für: die Teatime

Zitruspresse, die

Siehe ☞ *Saftpresse*

Zuckerthermometer, das

Das Zuckerthermometer braucht man nicht etwa, um die Temperatur des Würfelzuckers zu messen, bevor man ihn in den Kaffee schmeißt. Das Zuckerthermometer ist ein spezielles Gerät, das zum Kochen von Zuckersirup oder Karamell benötigt wird. Mit Hilfe des Thermometers kann man dann einen schwachen Flug ausprobieren. Oder einen starken Flug. So nennt man ganz bestimmte Zuckertemperaturen. Es gibt noch eine Menge anderer spezieller

Temperaturen mit ulkigen Namen und jede Menge komplizierte Verfahren, um Zuckerwerk zu fabrizieren. Hier wartet selbst auf den reifsten Hobbykoch massig Fortbildungspotential! Wer Ravioli aus dem Effeff macht, Kartoffelnester mit links backt, selber dörrt, schrotet und vakuumiert, wer sämtliche Dekorationstricks samt dem Espuma-Dressieren kennt und sich immer noch nicht ausgelastet fühlt, der ist mit dem Zuckerthermometer bestens bedient.
Unverzichtbar für: Wissenshungrige

Zuckerwattemaschine, die

Jahrmarktfeeling für zu Hause! Schnell die Hüpfburg aufgeblasen und die Zuckerwattemaschine angeschmissen, das Erste-Hilfe-Set in Reichweite gelegt, und los geht's! Man wickelt die Zuckerfäden um den Stab und die Kinder um den Finger und das Pflaster auch, falls man sich am schmelzenden Zucker verbrennt. Im Nu ist das erste Kind mit herrlicher Zuckerwatte versorgt, und wenn die anderen sich ein bisschen beim Hüpfen verausgabt haben, ist auch die zweite Portion fertig. Wunderbar!
Unverzichtbar für: Do-it-yourself-Anhänger

Zuckerzange, die

Die feine silberne Zuckerzange findet leider immer weniger Verbreitung, seitdem viele Leute Würfelzucker nicht mal mehr mit der Kneifzange anfassen wollen, sondern sich figurbewusst auf Süßstofftabletten stürzen. Dabei ist sie doch so edel!
Unverzichtbar für: Zucker im Quadrat

Zwiebelkamm, der

Der Zwiebelkamm hat einen besonders hübschen Namen und verdient dadurch schon Aufmerksamkeit. Er ist eine Art Metallkamm mit langen Zinken, die in die Zwiebel gerammt werden, um diese dann mit Hilfe eines Messers in geraden Linien zwischen den Zinken hindurch in Ringe zu schneiden. Man könnte die Zwiebel natürlich auch mit der Hand halten, aber dann würde man sich ja schmutzig machen. Und das geht nun gar nicht!

Unverzichtbar für: saubere Schnitte

Zwiebelschneider, der

Zwiebelschneider gibt es in allen möglichen Varianten, die eines gemeinsam haben: Sie verhindern das direkte Berühren des scharfen Gemüses und das Aufsteigen des zu Tränen rührenden Dampfes. Es sind Gehäuse mit integrierten Messern, die schachbrettartig angeordnet sind und mittels Zug oder Druck die Zwiebel in Würfel schneiden sollen. Deswegen werden sie auch manchmal Würfelschneider genannt. Da viele von den Zwiebelschneidern nicht so funktionieren, wie sie sollten, kommen so manchem Besitzer dann doch die Tränen – vor Wut!

Unverzichtbar für: alle, die nahe am Wasser gebaut haben

Küchengeräte, die unbedingt noch erfunden werden müssen!

Bitte, liebe Industrie, entwickele schnellstens folgende Maschinen! Das Überleben der Menschheit hängt davon ab:

Aprikosenschälmaschine, die

Viel mehr Menschen würden Aprikosen essen, gäbe es eine Aprikosenschälmaschine, die die lästige pelzige Schale entfernt. Die Aprikosenschälmaschine ist ähnlich konstruiert wie die grandios erfolgreichen großen Schwestern Apfel- und Orangenschälmaschine.

Bananenenden-Abknipser, der

An einen Zigarrenendenschneider erinnerndes Gerät in lustiger Bananenform, das den bitteren »Affenbiss« entfernt, der ja bekanntermaßen den Bananengenuss deutlich trübt.

Eier-Guillotine, die

Die Revolution am Frühstückstisch! Eierschere und Eierschalensollbruchstellenverursacher sind passé! Jetzt werden Eier radikal einen Kopf kürzer gemacht. Die Miniatur-Guillotine ist mit einem Soundgenerator ausgestattet, der beim Einlegen des Eis Gejammer des Delinquenten und bei erfolgreicher Hinrichtung Jubelgeschrei und Fanfaren ausstößt. Was für ein Spaß!

Eierpellmaschine, die

Alle Eierschalenpuler können jetzt einpacken! Endlich werden sie von ihrer mühevollen Qual befreit – mit der Eierpellmaschine! Sie sieht aus wie ein winziger amerikanischer Kühlschrank mit durchsichtiger Glastür, um die Eierschälung genau beobachten zu können. Hinein passt genau ein Ei. Mit dem übersichtlichen Menü kann eingestellt werden, ob nur der Kopf des Eis oder das ganze Ei gepellt werden soll. Mittels Lasersensoren wird der Umfang des Eis berechnet, dann schneiden Skalpelle die Schale in Streifen, die anschließend von einem harten Wasserstrahl abgespült wird. Sauberer war ein Frühstücksei noch nie!

Erdbeerstrunkentferner, der

Nach Vorbild des Tomatenstrunkentferners ist der Erdbeerstrunkentferner konzipiert, der die zarten Früchte vom ungenießbaren Grün befreit.

Feldsalatduschenschleuder, die

Auf den ersten Blick sieht die Feldsalatduschenschleuder aus wie eine ganz normale Salatschleuder. Doch wird sie mit Hilfe eines mitgelieferten Schlauchs an den Wasserhahn angeschlossen und der sich in der Schleuder befindende Feldsalat mit einem harten Strahl abgeduscht, der Sand und das Wasser laufen durch Löcher ab. Diese Löcher werden später verschlossen, wenn die Feldsalatduschenschleuder vom Wasserhahn entfernt und als normale Salatschleuder benutzt wird. Ebenfalls mitgeliefert wird ein Spezialkleber, mit dem man die durch den harten Wasserstrahl zerrupften Salatblätter wieder formschön zusammenkleben kann.

Frischkäseformer, der

Ein kleiner Kugelausstecher mit Auslösefunktion, um Frischkäse in anmutiger Form auf das Butterbrot zu bringen, wo er anschließend zermatscht wird.

Granatapfelgabel, die

Granatapfelkerne aus dem Gehäuse zu pulen ist eine schwierige Aufgabe. Sie lösen sich nicht so einfach, und wenn man Gewalt anwendet, hat man im Nu alles mit dem stark färbenden Saft verschmiert. Hier schafft die Granatapfelgabel Abhilfe! Sie ist etwas schmaler als eine Kuchengabel, besitzt aber vier schmale, nach vorn spitz zulaufende Zinken, mit denen man jeden Granatapfelkern mühelos und elegant aus der Schale holen kann.

Kaffeepulverwaagenkalkulator (digital), der

Der digitale Kaffepulverwaagenkalkulator berechnet mittels eines genialen Programms die gewünschte Menge Kaffee aufs Milligramm genau unter Einbeziehung von Bohnensorte, Röststufe und Müdigkeitsgrad des Konsumenten.

Ketchupflaschen-Ausgießhilfe, die

Nie wieder mit der Gabel popeln! Diese Pumpe, die in den Flaschenhals gesetzt wird, verhilft dem ersten Ketchupschwung mit Eleganz und Stil auf die Welt. Sie dosiert auch gleichzeitig die gewünschte Menge von »ein kleiner Klecks« bis »Ketchupsee«.

Kirschenwurmsucher (digital), der

Der digitale Wurmsucher ist der Nacktscanner für die Kirschernte. Auf einem kleinen Laufband fahren die Früchte vorbei, und bei der Meldung ungebetener Bewohner werden diese Kirschen aussortiert.

Knödeldrehhilfe, die

Alle diejenigen, die immer wieder am gleichmäßigen Rollen von Klößen scheitern, können jetzt aufatmen. Mit der Knödeldrehhilfe, einer tennisballgroßen Fläche mit weichem Rand aus Silikon zum Aufstecken auf die Hände, werden alle Knödel gleich groß! So gut sehen sie sonst nur gekauft aus!

Melonenreife-Erkenner, der

Kein blödes Klopfen auf Melonen mehr, das einem sowieso nichts gesagt hat! Auch kein

Schnuppern mehr an Melonen, die mit Duftgenen behandelt wurden! Der Melonenreife-Erkenner misst mit einem ausgeklügelten Drucksystem die Weichheit der Schale und teilt einem binnen weniger Sekunden mit, ob es sich lohnt, die Frucht zu kaufen. Das Gerät hat die Größe eines Kugelschreibers und passt in jede Handtasche – ist also auch für den spontanen Melonenkauf geeignet.

Naschfinger, der

Nie wieder den Partner verärgern, weil man mit dem Finger in der Schokocreme herumfuhrwerkt! Mit dem lebensechten Silikonfinger am Stiel kommt man auf den Boden jedes Glases, tief unten in die Teigschüssel, den Sahneschlagbecher und in jedes andere Gefäß, in dem noch leckere Reste kleben! Spülmaschinenfest!

Sandmagnet, der

Jetzt ist Schluss mit dem stundenlangen Schrubben von Pilzen! Endlich kann man auf das Wasserbad der empfindlichen Waldbewohner verzichten! Schneller und gründlicher ließ sich noch nie der Sand aus den Pilzlamellen entfernen! Mit dem Sandmagnet werden auch noch die letzten kleinen Körnchen beseitigt. Durch ein Rohr wird der Dreck in einem kleinen Metallbehälter gesammelt und kann nachher ganz einfach ausgeleert werden. Da strahlt der Pfifferling!

Schnitzelpresse, die

Endlich entfällt das umständliche Fleischklopfen! In der Schnitzelpresse werden die Fleischstücke per Knopfdruck auf Pizzagröße gepresst. Für die größten Wiener Schnitzel aller Zeiten!

Sesamkornpinzette, die

Kennen Sie das Problem, dass das Aufstreuen von Sesamkörnern die ganze Dekoration über den Haufen wirft, weil sie sich einfach nicht dorthin verteilen lassen, wo man sie gern hätte? Dafür gibt es jetzt die Sesamkornpinzette, die jedes Körnchen fest im Griff hat und es auf seinen zugedachten Platz befördert! Die Sesamkornpinzette gibt es in Schwarz für den hellen Sesam – und in Beige für den schwarzen Sesam.

Wassermelonenkernesauger, der

Ein kleiner, akkubetriebener Sauger mit acht Millimeter großer Düse, durch die die Wassermelonenkerne schnell und geräuschlos aufgesaugt werden. Der Auffangbehälter ist spülmaschinengeeignet.

Weintraubenentkerner (elektrisch), der

Weintrauben sind eine so edle Obstsorte, die nur einen Nachteil hat: die harten und unleckeren Kerne, die man entweder mühselig herausfriemeln oder hinunterschlucken muss. Damit ist jetzt Schluss. Eine formschöne und vollautomatische Weiterentwicklung des Kirschentkerners ist der Weintraubenentkerner, der die ganzen Früchte mit einem hohlen Dorn ansticht und mit diesem die Kerne aussaugt. Mit einem eingebauten Röntgenapparat erkennt das Gerät, ob noch Kerne enthalten sind, und arbeitet zuverlässig weiter, bis alle entfernt sind. Die Trauben bleiben ganz – nur ein kleines Loch erinnert an ihr ehemaliges ungenießbares Innenleben.

Zucchiniblütenfüllhilfe, die

Da kommt endlich die Saison der Zucchiniblüten – und dennoch lassen wir sie unbeachtet vorübergehen, weil der Umgang mit den zarten Gemüsehüllen so schwierig ist. Das muss nicht sein! Mit der Zucchiniblütenfüllhilfe, die optisch an eine große Einwegspritze erinnert, kann im Handumdrehen die Hackfleischfarce oder die Kräuterkäsemischung in das Innere der Blüten gespritzt werden.

Zwiebeldunstabzugshaube (mobil), die

Rund um die Zwiebel gibt es schon einige Erfindungen, die den Kontakt mit dem Gemüse verhindern oder einschränken, indem sie automatisch die Zwiebel hacken oder schneiden. Wer seine Zwiebel lieber handgeschnitten serviert, aber trotzdem nicht immer weinen möchte, für den ist diese mobile Dunstabzugshaube ideal! Einfach aufklappen, an die Steckdose anschließen, und schon werden Gerüche dort aufgesaugt, wo sie entstehen! Auch für Knoblauch und andere stark riechende Lebensmittel geeignet. In verschiedenen Farben erhältlich.

Literaturangaben:

Klever, Ulrich: *Alte Küchengeräte – Backen und Kochen.* München: Heyne 1979
www.weck.de/geschichte.html

Danksagung

Ein ganz besonderer Dank geht an meine Agentin Petra Hermanns, die mir nicht nur immer mit Rat und Tat zur Seite steht, sondern auch die Idee zu diesem Lexikon hatte. Ebenfalls bedanken möchte ich mich bei ihrer Kollegin von Scripts for sale, Valesca Schober, für tatkräftige, inspirierende und moralische Unterstützung zu jeder Zeit. Ihr seid die Besten!
Ich bedanke mich außerdem bei Ulrike Seidemann vom Ullstein Verlag für ihre Begeisterung für die unnützen Küchengeräte und die gute Zusammenarbeit.
Und ein Dankeschön sende ich von dieser Stelle an alle Leute, die mir mit ihren vollgestopften Küchenschränken und Kellerregalen Anregungen für dieses Buch geliefert haben.

Register